（関田寛雄講話集）

あなたはどこにいるのか

関田寛雄

Hiroo Sekita

一麦出版社

Soli Deo Gloria

まえがき ――『あなたはどこにいるのか』再刊にあたって――

本書は後述のごとく青山学院大学第二部関田アドヴァイザーグループの自主的な企画として出版されたものであったが、この度一麦出版社の御厚意により再刊されることになった。この時にあたり改めて関田アドヴァイザーグループの成り立ちとその後の経過についてとりまとめて記しておきたい。

二〇一四年は青山学院の創立一四〇周年という節目の年であった。思えば筆者が青山学院大学に教師として勤務したのはその間の四〇年であった。一九六一年夏より一九六三年秋まで筆者はアメリカ留学の機会が与えられ、有意義な研究の時を過ごしたのであったが、帰国寸前に当時大学宗教部長であった向坊長英教授から、「帰国した暁には第二部文学部の宗教主任を担当してほしい」との要請があり、一九六四年四月よりその職に就き、文学部神学科の教員として宗教主任を兼務することになった。その時大学入学者初年度の必修科目としてキリスト教概論（略して「キリ概」という）をも担当した。その授業経験の中で第一部の学生と第二部の学生との間に、私の講義への反応の著しい差異を感じたのである。講義の内容は旧・新約聖書を概説的に語るものであったが聖書に現れる諸人物の生き方をめぐって、今日の人間としての生き方の問題に言及せざるをえず、聖書の使信の現在化は当然、講義者自身の生き方、信じ方とともに語ることを伴うことになった。第二部の学生たちは経済的事情や就職の事情その他で、学ぶとすれば第二部（夜間大学）を選ばざるをえない条件を抱えて通学して来る。その学生たちの内面生活の中には人生を生きることについての切実な思いに満ちていることに気づかされるとともに、筆者もまた戦中、戦後の貧しい牧師の家庭に育った者として苦学の学生生活の経験を折々語るにいたったのである。

毎週火曜日の一時限と二時限の間に三十分の大学チャペル・サービスがあり、金曜日には同時間にクラブ活動の時間が持たれていた。この時間に筆者のクラスの学生たちが三々五々研究室に訪ねて来るようになり、短い時間にふさわしい読書としてパスカルの『パンセ』を通読する相談がまとまった。そして間もなく研究室は満杯となり、空き教室を借りての熱い思いと対話の読書会が続けられることになった。そのような営みの中から、筆者の語ったことや書いた諸文章をまとめようという動きが生まれ、そして『あなたはどこにいるのか』の初版が編集され、間もなく再版までが現れるにいたった。これが関田アドヴァイザーグループの成立にいたる経過である。

その後一九六八年秋ごろから始まった大学紛争（これは第二部学生自治会が授業料問題についての講演会を某大学の教師を招いて企画したところ、講演者がマルクス主義者であることを理由に当時の学長が講演会を禁止し、敢行した自治会および一部学生数名を無期停学にしたところから始まった）の中で、大学当局に向かって主体的に抗議したいけれどもアドヴァイザーである筆者に気兼ねしている学生たちの姿を見て、私はアドヴァイザーグループを解散し、学生たちに自由に発言する機会とさせたのである。しかしこの筆者の一方的措置に不満を抱いた学生たちの一部は新たに「青竹の会」なる名称によって独自に読書会を続けることになった。やがて紛争の拡大と深化に伴って学長の恣意的「キリスト教的」発言が躓きとなり、神学科の教員や宗教主任たちと理事会との乖離が深まり、宗教主任たちの解任や神学科の廃科という事態を迎えてしまった。筆者も宗教主任を解任され、神学科廃科後は第二部一般教育部に転属させられ、チャペル・サービスでの説教も宗教センターでの学生指導その他学内のキリスト教関連活動のすべてから除外されるにいたった。そこで筆者はアドヴァイザーグループの再開とともにすでに多くなっていた卒業生たちの「青竹の会」の活動に参加することにしたのである。

最後に付言しておきたいことは、前学長の逝去後、二十六年間の助教授の立場から教授へと昇格され（五年後は定年を迎えた）、さらに経営学部宗教主任へと再任され、二年間という短い期間であったが学生たちとの豊かな交わりの時をもちつつ定年を迎えることになったことは何よりも喜ばしい、筆者にとっての忘れ難い教員生活の記憶となった。

かくて関田アドヴァイザーグループ（現在は「青竹の会」）の歴史は二〇一四年、ちょうど五十周年を迎えることになった。今も春秋、年二回の読書会に二十名ほどが集まるメンバーの中から本書再刊の希望が語られ始めた正にその時、一麦出版社からの要望があり、本書の出版ということになったわけである。感謝とともに本書再刊の意義を述べさせていただいた次第である。

二〇一五年二月

関田寛雄

初版への序

この書物は、青山学院大学第二部アドヴァイザーグループの学生諸君の、まったく自主的な企画として生まれたものである。これを企画し、原稿を整理し、編集の打ち合わせをし、印刷の交渉を進め、出版に至るまでのいっさいの作業は、二部に学ぶ多忙な学生諸君の手によって行われた。十月末のある日、私はこの計画を打ち明けられてまったく驚いてしまった。常々時間的に充分な余裕をもたない彼らの生活はよくわかっているし、経済的にだって一冊の書物を出版するとなれば大変なことである。それに何よりも、自分の説教や講話のごときものが、そのような形で公にされるに価するものでないことを知っているだけに、私は一種の当惑さえ感じないではなかった。しかるにクリスマスを目標に編集の作業はどんどん進められてしまい、録音テープからの書き起こしだの、講話の選択、蒐集だのが、グループの諸君の手によってみるみる運ばれてしまった。どこにそんな時間とエネルギーがあるのかと、正直、私は不思議でならないのである。

しかしこれらの事実を目のあたりに見て、私は何ともいえない感謝に満たされている。思えば一九六四年、留学から帰って間もなく私は二部のチャプレンになり、キリスト教概論を担当するとともにアドヴァイザーの一人になった。最初の会を葉山のレーシー館でもった時は、メンバーはたった二人だったが、それでも椎名麟三の『永遠なる序章』を一所懸命読み合ったことをなつかしく思い出す。今は五十名近いグループに成長し、毎週金曜日夜の三〇分の短い時を熱心に、『パンセ』の幾つかの断章と取り組んでいるし、「葦」という雑誌の発行もすでに数回に及び、年四回の外泊読書会では暁闇を突く鶏鳴を聞くまで語り合うのが恒例になってしまった。これらの学生諸君の温かい友情の交わりの中で、私自身がどんなに成長させられたことであろう。私は教師であったかもしれない。先輩であったかもしれない。しかしこれらの集いでの私は、正にメンバーの一人でしかなかった。私は自分の問題をぶっつけてきた。私に人生の結論を語る資格があるはずがない。私は自分の苦悩と喜びを語るだけのことしかできなかった。しかしそのような交渉の中で、彼らも私も成長してきたのだ。この書物はそのような過程の産物であり、その意味でこれは先ず名実ともに学生諸君自身の創造なのである。

さらに私が今深く心打たれることは、学生諸君の真理への情熱である。私の、まことに貧しい、取るにたらない言葉の中にさえも、何かを求めて止まない彼らの熱心さによって、私は鞭打たれる思いでいる。小さなことに大きく感謝し、小さな言葉に大きな真理を見出し、貧しいものの中に貴といものを求める心の豊かさに、私自身が学ばねばならない。この書物はその意味で、彼らと私の成長の道標である。学生諸君はこれを越えていかねばならない。そして私も共に越えていきたいのだ。私は彼らの、この書物を通して示された好意を空しくしたくない。二部に学ぶという条件を引き受けて、それを一杯に生きている彼ら、口にいえない問題を一人ひとり抱えて夜の道を学ぶために足を運ぶ彼ら、自ら人間であることをこよなく喜びとし、人間に満ちた世界の創造を夢みる彼ら、そのような彼らの好意を私は誇りとするとともに、彼らのあの情熱に学びつつひたすら前進したいと心から願っている。

最後に私の属している桜本教会に感謝を表したい。教会は有志という形ではあるが、この書物の出版のために財的に大きな力になっていただき、のみならず週報の「一週一言」の転載をも許していただいた。この「一週一言」は桜本教会の会員諸兄姉との交わりがなければなかったものであり、その意味で桜本教会の生み出したものであるといえよう。はっきりいって、私は学校と教会の「二足のわらじ」をはいている。このことで私はずっと悩み続けてきたし、また今後もそうであろう。しかし私は私を信頼して責任を委ねてくださった方の信頼を無にすることはできない。私がその方の期待に充分応え得ていないことはあまりにも明らかである。しかし「われは道なり」と語られる方の約束は確実である。破れた器ながら主に支えられて教会に仕えることが許され、新しい幻を与えられることを願っている。教会員の寛容と鞭撻がなかったならば、この書物もまた生まれなかったのである。

目次

聖書講解　75

一週一言――桜本教会週報より精選――　98

私の恩師

関田寛雄先生——Sekita Hiroo

青山学院大学名誉教授、元大学経営学部教授・大学宗教主任
一九五八年四月〜一九九七年三月在任

当時、学園紛争で落ち着かない日々を送っておりました。一年生で必修であったキリスト教概論をとっていました。なぜか毎週の関田先生の授業を心待ちにしていました。これは先生の稀な御人格の賜物とおもわれます。

中でも一番印象に残っているのはあの有名なイタリア映画「道」に登場する人物をきわめて的確に説明されたことです。そして情感溢れる描写にはすっかり魅了されてしまいました。アンソニー・クイン扮する悪徳大道芸人になぐられ、どやしつけられながらも、ひたむきに献身的にどこまでも付き従っていくジェルソミーナの中に神様の大きな愛があることをみてとれました。

講壇ではいつも背筋をピンと伸ばし、すくっと立たれ、オールドファッション風の眼鏡をかけられ、にこやかな笑顔、独特のハスキーな声で全身全霊で、生きることはつらく、哀しいことがあまりにも多い……しかし、勇気を奮い起こして生きて、生きて、生き抜くこと自体に大きな意味があるということ。確信に満ちて、迫力のある声、まるで昨日のことのように懐かしく想い出されます。

そして、今、私は青山学院に学ぶことができて本当に良かったと感謝しています。

山本昇平
青山学院大学文学部教育学科　一九七三年度卒業

（『青山学報』第二四一号〔二〇一二年秋号〕より）

学ぶということ

主体的に

「最近、主体的に生きるという意味がやっと実感としてわかってきた。〝人が信じられる〟〝信じられない〟などとたわごとを言っていたあのころからはすくなくとも卒業できたと思う。主体的に生きるということに、本当に徹底できるならば、どんな人をも受け入れ、温かくつつむことができるのではないか」。

これは二部教育学科四年のF君が最近ある雑誌に書いた文章の一節である。重く手ごたえのある、貴い言葉である。大学に学ぶ生活を単に就職に必要なレッテルを得るための虚しく暗いトンネルにしてはならない。それは「主体的に」生きることを学ぶ生活である。生きている限り、ことがらはすべて「私」の責任なのだ。「そんな中から、人を愛し、神に心を向けることのできる人間に生長していきたいものだ」とF君は結んでいる。

大学生活の始めに

一 「おめでとう」

A君、入学おめでとう。いよいよ待望の大学生活が始まりますね。長く苦しかった受験準備の生活から解放されて、おそらく今は何もかもがコバルト・ブルーに見えるような、晴ればれした気持ちでいることでしょう。先日君は、ある高等学校の卒業式で答辞を読む学生が、準備した原稿とは違ったことを述べ、特に受験目的の暗記中心の勉強の連続で、高校生活は灰色だった、と言って来賓、教師、父兄に大きなショックを与えたことを、共感をもって話してくれましたね。そしてほんとうの勉強のできる大学に入れたことを喜んでいましたね。私もそのことを心から同感して喜んでいます。

二 考えてほしいこと

けれどもまず君に考えてほしいことが二つあります。その一つは大学に入りたくても、経済的な事情や能力や健康の点で入れなかった人がたくさんいる、ということです。小学校・中学校の義務教育を受けた人々の中のわずか十五パーセントほどしか大学で学ぶことができないのです。それは大学に入り得た君に誇りを与えるよりも責任を与える事実です。八十五パーセントの同年代の同胞のために君は責任があるのだ、ということを忘れないでください〔現在はこの比は逆になっている――著者〕。

もう一つは大学は理想郷ではない、ということです。それどころかはなはだしく君に幻滅感を味わわせるところでもあることを卒直に言っておきましょう。高校時代のようにクラス編成のホーム・ルームの中でお互いがニックネームで呼び合い、授業で先生からあてられた時にも前後左右から友情の援護射撃があるような空気は、大学の教室の中では、ほとんど見られません。先生は遠くの方からマイクロフォンで講義されます。のみならず高校時代の苦しかった生活の反動で、とにかく遊べるだけ遊んでやろう、といった気持ちから、勉強に心を向けない学生たちの目に余る行為があります。しかしこのような毎日の中でどうか自分を失わないでほしいのです。高校以下の学校は教育を目的とします。しかし大学は学術研究と人間陶冶の場です。結局は自分がしっかり自覚して勉強し、自分を鍛えていくのでないならば意味のない場所になってしまうでしょう。だれも手をとり足をとって引っぱってくれません。君自身がまずやる気をもって、進んで機会をつかんでいかねばならないのです。しかしそういう努力をする限り、大学は尽きない真理の泉となり、豊かな知識の倉となることは確かです。どうか甘えた気持で大学生活を始めないでください。

三　大学で学ぶこと——視点——

ところで君は大学で何を勉強するのですか。わかりきっていることじゃないか、と言うかもしれません。しかし私の知りたいのは、文学を学び社会科学を学び数学を勉強するのは何のためか、ということなのです。単に実用的な知識を得るために、たとえば簿記や英語を勉強するのであれば大学でなくても、英語学校や簿記講習会などに行けばよいのです。もちろん、卒業後には就職が君を待っていますし、実社会の職業は君に専門的な技術的知識を要求しています。確かに君はある仕事の専門家にならねばなりません。そのために専門分野での研究は徹底してやるべきですし、エキスパートとして恥ずかしくない高度の知識を身につけるべきことは当然です。そのための大学ですから。

しかしそのことは単に優秀な機械のようになることではありません。私たちは人間として社会を構成し、その歴史を将来に向かって創造していく責任がある以上、「ものの見方」を学ばねばなりません。人間とは何か、歴史とは何か、生きる意味は何かなど、人生にとって根本的な問題を学問的、理論的に追究する方法を身につけなければなりません。そのために置かれているのが教養課程です。それは一見実用的知識とは直接関係がないように見えるかもしれません。しかし正しい「ものの見方」を持たぬ技術がどんなに恐ろしいものであるかは、第二次世界大戦の時の痛ましい経験や今日東南アジアで起こっている戦争を見ても明らかでしょう。十九世紀のはじめ、ベルリン大学を創設し、近代的な大学の理念を確立したアレキサンダー・フンボルトは「学問は生活からほとんど隔離されているように見える。まさにそのときにこそ、最も豊かな祝福を生活の上にそそぎかける」と言っていますが、学問の本質、特に教養の性格をよく表現しています。非実際的な学問の中に、実は人間と歴史の現実を見る「視点」が宿されているのです。ですから教養課程は大切にしなければなりません。それが一、二年度に課せられているのは、何か学問的に軽いからではなく、基礎的学問だからです。それをしっかりやらないなら、どんな専門的知識も、「砂上楼閣《ろうかく》」にすぎないでしょう。A君、どうか大学をよき就職のためのレッテルをもらうところとか、会社への通路のように考えないでくれたまえ。それは大学を侮辱することですよ。

四　青山学院の特色 ── キリスト教 ──

さて君は青山に入ったのですが、その動機は卒業生の従兄《いとこ》にすすめられたから、とか言っていましたね。それではすでに青山学院についてはいろいろ聞いていることでしょうから根本的なことだけをお話しておきましょう。

ご承知のように青山は九十三年の歴史をもつキリスト教主義の学園です。キリスト教主義とはどういうことか、一口でお答えすることはできませんし、説明してわかるというものでもないでしょう。学生手帳の「建学の精神」以上のことは何も言えません。それは結局君自身が青山の生活を十分生きぬいた四年間の経験が教えてくれることでしょう。いわゆる「青山タイプ」と称されるカラーがあるといわれます。人間が丸くて交際上手で、まじめで、大きいこともしないが、小さいことにコセコセもしない。要領よく働くけれども内容がないとか、目先は利《き》くが、見通しはできないとか──。それが事実であるなら反省すべき点は反省しなければなりません。

しかしこういうカラーはキリスト教主義のせいではなく、キリスト教主義の不徹底のせいであろうと思います。本来キリスト教の中心は永遠のロゴス（真理）の歴史における受肉であるといわれています。それは歴史とともにある真理ですから、その時代の問題と対決することによってその真理性を証明する宗教です。この世の問題を避けて隠遁《いんとん》の生を楽しんだり、あるいはこの世と妥協して習俗化するのでなく、光の当たらない場所に光をもたらし、「傷《いた》める葦を折ることなく」ひとり立たしめる宗教がキリスト教です。その意味でキリスト教は常に「プロテスタント」（「抵抗派」）であるべきです。

先に大学は「視点」を与えるところだ、と言いましたが、特定の宗教を標榜《ひょうぼう》することのできない国立の大学に対して、キリスト教主義の青山学院が明確な「視点」を打ち出すことのできるのは、大学の理念を成就するために一大利点であることはいうまでもありません。結局「視点」なるものはその人の究極的価値観につながるものですから、宗教的なものにいたるまでは徹底しないのです。

先ごろからマスコミでは「大学問題」が大きく取り挙げられています。時代の流れの中にあって青山学院だけが問題のない大学だ、とはいえないでしょう。しかし青山の中にその精神的伝統であるキリスト教的良心が生きている限り、この世に抗して立つ姿勢は失われない、と信じています。ですからこそ私たちはこの時代にあって真に大学と「成る」ことを新しく決意していきたいと思うのです。

五　光を携えて

少々話がむずかしくなってすみません。しかし時代とともに生きる青山学院を、誇るべき母校とするために、君にぜひ聞いてもらいたいことがあるのです。

今年の三月、数多くの学生が校門を後に卒業していきました。その中のごく一部の学生しか私は知らないのですが、教育学を専攻した女子学生Mさんは、ペスタロッチに関するすぐれた論文を書きました。就職のためにある小学校の校長に面接された時、身心障がい児の特殊学級（現特別支援）の話を聞いて二つ返事でその教師になることを承諾しました。あまり簡単に引き受けたので校長さんは後日何度も確かめられたそうですが、彼女の心はすでに決まっていました。他に幾つもよい条件があるはずなのに……、と思うのが普通です。しかし私はMさんの中に、光なき所に「光を携えて」行く青山学院の精神を見たような気がしてなりません。第二部の英米文学科を卒業したF君は若くして歌道に励み、すでにその進境の認められた人ですが、可能性の多い東京を離れて自ら進んで青森県の田舎の中学校に赴任していきました。女子短期大学を卒業して北辺の孤島に活躍するTさんや、非行少女の問題に取り組んでいる神学科卒業のSさんを忘れることはできません。

これらの人々には大変なことをやっているぞ、といった力んだところはまったく見られません。それだけにすばらしいと思うのです。貿易界の華やかな第一線で企業主として活躍している一先輩が、その会社のある部門については必ず身体障がい者のためにポストをあけておく、ということも聞きました。青山学院の学生はこれらの先輩をこそ誇りとしてほしいのです。日本の社会が真に民主主義を実現し、その国家としての理想を成就するためには、暗き谷間に「光を携えて」行く人々が必要なのです。そういう人々がまたアジアやアフリカの兄弟たちから求められているのではないでしょうか。

六　再び「おめでとう」

A君、お話ししたいことの十分の一もできないうちに紙数がつきてしまいました。私の意のあるところを汲んでいただければ幸いです。君は今、青山で大学生活を始めようとしています。それが君のどんなすばらしい将来につながることだろうと思って、心から祝福を祈らずにはおれません。どうぞ十分に大学生活を生きてください。もう一度言います。「A君、おめでとう」。

青山で学ぶ意味 ―― キリスト教主義大学の光栄と責任 ――

早稲田大学の紛争がやっと落着いたようですが、なお問題を残しつつも多大な出血の痛みに耐えて再建に着手した早稲田の当局、教授、学生の心中を思うと、喜びと共に祈りにも似たようなものを感じさえします。内外に大学問題についての論議が盛んなおりから、早稲田はいろいろな意味で貴重な教訓を与えてくれました。本学においても芝田氏講演会問題をめぐる諸経験は、青山における大学の理念についてあらためて考えさせる機会でした。たまたま大学夏期学校（第一部）と同第二部修養会において大学問題が取り挙げられるので、所感の一、二を述べて参考に資したいと思います。

青山学院はその九十有余年の歴史において常にキリスト教主義の方針を保持してきました。それははなはだ困難な時期を迎え、そのおおわれる時代を経験したことは事実ですが、しかし本質的立場は常に一貫されました。

けれども戦前戦後の学院の性格は著しく変わりました。それはいわゆるミッション・スクールからキリスト教主義学校への変化です。ミッション・スクールにあっては学園の主なる目的は伝道であり、教会の宣教計画に密着した機関として教育の場を提供するものでした。しかしキリスト教主義学校においては、教育、学問研究が主なる目的となります。後者は前者のごとく教会との直接の関係にはありませんが、しかしそれだけに責任ある有機的な関係が要請されます。教育と学問研究が目的である以上、それは一般的立場と同じく質・量の向上を考えていかなければなりません。キリスト教のエキゾチシズムや宗教的感化が教育と学問の劣質さをおおう言い訳になることは決してゆるされません。

それではキリスト教主義であることの意味は何でしょうか。まず第一に、それは学問と教育の徹底です。具体的現実的には諸種の困難はあるにしても、キリスト教主義であるゆえにこそ質の高い学問と教育が営まれなければなりません。それはキリスト教信仰が全人間の完成を要求し約束するからです。第二にキリスト教主義の意味は、学問と教育においてキリスト教の福音と一般文化とが対話する場を提供することです。これは単なる教養教育を意味するのではなく、福音が一般文化の中にある問題性を内在的に指摘し批判するとともに、福音の固定化閉鎖化を打ち破り、常に新たに福音たるために自らに課する課題です。そしてこの福音とは新たなる文化形成、歴史創造のためにこそあるものであって、大学におけるこの対話はまことに生産的なものであるといわねばなりません。

第三にキリスト教主義は大学の理念を成就するものである。キリスト教主義学校はいうまでもなく私学です。大学はその歴史において中世の教会の掣肘《せいちゅう》から脱皮するための戦いに果敢であったと同様に、国家および社会の干渉に対してもその自由を保有してきました。日本の国立大学の多くは国家の施設として、国家の要員養成の意図を背景に設けられたものであり、ヨーロッパの大学のような学問の自由を求めた長い歴史をもちません。しかし私学こそはその意味で外的な勢力に対するプロテスト・スクールとして、大学の意味を成就するものではないでしょうか。

最後に一言。キリスト教をある社会制度と本質的に対立するものとして捉える誤解があります。キリスト教は「対立する」という語でいえばいっさいの社会制度に「対立する」。しかし同時にあらゆる社会制度の中に「おいて」人間と歴史の本質を問い続けるものです。この意味でもキリスト教主義大学の光栄と責任は大きいのです。そしてこのような理解と誇りと責任にまでいたらないならば、青山を選び、青山で学問する意味は充分に実現されたとはいえないのではないでしょうか。

病床の友へ

文一FのB・K君へ

お手紙をいただきありがとう。入学早々大学生活の味もわからぬまま病床に臥す身となった君の心外な気持ち、焦り、不安がどんなに君の心を痛めているか、想像にあまりあります。聞くところによると、君は通信教育で高校を了えられたとか。その努力の上に立つ、大学生活の喜びであったはずなのに、何と残念なことでしょう。

一日一日が何か空しく過ぎていくような、いたたまらない気持ちかもしれません。いっさいが疑わしくなるのも無理はありません。

残念ながら私は貴君にまだ会ったことがありませんので、さっそく学生部に行き学生調書で君の写真を見、お母さん一人、子一人のご家庭であること、航空自衛隊で活躍していたことを知りました。君の上司も、ましてや君のお母さんが君の病気のことを知って、どんなにか長崎で心配され悩んでおられることでしょう。

けれども聞くところによると君の結核の度合いはまだまだごく初期の状態のようですし、早く発見されたことがまだよかったのではないでしょうか。手遅れの取り返しのつかない状態ではなく、今こそ根治しておけば将来は免疫にもなることなのですから、その時期を慎重に過ごされることは、良き将来のための準備にもなることだろうと思います。

私はよく学生に言うのですが、「転んでもただでは起きるな」と。たとえ人生で転ぶようなことがあっても、ただで起きてはならぬ、ということは私自身への戒めでもあるのです。私は中学二年の時に肋膜炎で一年休学したほか、いろいろのことで普通の人より四年も遅れて社会に出ることになりました。しかしこの四年間の時がマイナスであるどころか、私にとってはいつもプラスになって働いています。その四年間は普通の人にとってはマイナスに見えるかもしれません。それは私にとって悲しみの四年でしたし、涙と孤独の四年間でした。しかしその涙と苦しみがあればこそ、私は忍耐ということを知りましたし、人間の浅薄な愛を超えた神の愛を知りましたし、ベートーベンが言ったように「苦悩をとおしての歓喜」というものが、どんなにすばらしいものであるかも知ったのです。

私たちの人生にとってマイナスになるものは何一つありません。問題は私たちがふりかかっている困難をいかに受けとめるか、ということにかかっています。逃げ腰ではいつまでたっても解決はきません。今生きている所でせいいっぱい一日を生きることです。病者らしく、一日を君なりに生きることです。人生は五体健全であるということによっては決まりません。床から一歩も動くことができない人であっても、「足ることを知る」人は何人にも優ったすばらしい人生を生きているのです。私の知っているある人は、三年の結核の床で、治ってからどう生きるかを考えるのではなく（それも大切だが）、床にある今からそれが始まっているのだから、療養しながらやろう、と決意した、と言っています。病気に対しても私たちの姿勢一つで、それは良き人間形成の時、精神的にすばらしい成長の時になるのです。

忘れてならないことは、君はすでに青山学院大学の学生であることです。学生としてやらねばならないことは、技術的なことを学ぶことも大切ですが、人間的な成長です。その成長は安楽な、問題のないところにはありません。一時的な生活の中断の時期はかえってその人に深い心、深い眼を与えてくれます。君は今おそらく一般の学生よりもはるかに、はるかに深く自分を見つめることをやっていると思います。それを無駄にしないでください。その経験をとおして、表面的なこと、偽りのこと、中途半端なことが暴露されて、真実が知られるのです。その真実は時にはつらい、さびしいことかもしれません。「人生は独りなんだ」と悟らされることは悲しいことかもしれません。しかしそれを知り、それに耐え、それを乗り越えて生きることを知った者ほど、強く、深く生きる人はないと思うのです。

君が青山の学生である以上、君は私の学生です。何でも相談してください。神があるのか、神が知られるのか、こうした君の質問について私は理屈で説明したくはありません。またできもしないことです。しかし、聖書の中のキリストの言葉が、あの「人生は独りなんだ」という事実の認識に立って生きる力となり、ほのぼのとした慰めとなる場合は、君は神によって生き始めている、といえるのではないか、と思います。いろいろなことを書きましたが、またお便りください。夕暮ばかりを見ないで、明け方を見てください。「闇は光に勝たなかった」（ヨハネ一・五）のですから。ではくれぐれもお大事に。

ある生き方

魯迅の「故郷」という小説に、主人公が何十年ぶりにか故郷へ帰って、思い出の山河は変わらずとも、幼な友だちは地主と小作人に分かれて反目し合い、争っている様子を見、期待を裏切られて船で去りつつ人生について思い惑うところがあります。その最後に「ぼんやりした私の目に、見はるかす海辺のみどりの砂地がうかんでくる。頭上の紺碧の空には一輪の金色の丸い月がかかっている。思うに希望とは、もともとあるものだ、とも言えないし、ないものだ、とも言えない。それは地上の道のようなものである。もともと地上には道はない。歩く人が多くなれば、それが道になるのだ」ということばがあります。出来上がった道だけを歩くのであれば、新しい道はできません。やはり誰かが思い切って、道のない茨ばかりの原っぱを突っ切って行く冒険が必要なのです。道があるから歩くのではなく、歩いて道を造るのです。高村光太郎も「僕の前に道はない。僕の後ろに道は出来る」と有名なことばを残しています。自分の安全だけを考える立場からは、このような「道」を造るという考えも意欲も湧いてきません。つまり創造的な生き方には必ず犠牲がなければならないということではないでしょうか。

私がアメリカに留学中のことです。神学校の寮の食堂で皆が食事をしていたとき、折柄南部で行われていた激しい黒人の人種差別反対のデモのことに話が及びました。私たちのテーブルには黒人学生が一人いました。一、二の白人学生がデモが流血さわぎになったことを問題にし、どうして黒人は法廷でやるべきことを道路上でやるのか、これ以上血が流されるのは内乱に導くものだ、と言って黒人デモに批判的な意見を出しました。ドン（その黒人学生の名をそう呼びました）は法廷でやるべきことはすべてやったはずだ。しかし南部の法廷そのものが黒人を差別しているのだから止むをえないだろう。しかしわれわれは決して内乱を起こそうとしているのではない。むしろわれわれはアメリカがアメリカになるためにこそやっているのだ。アメリカが自由と平等と民主主義を携えて、南米諸国やアフリカ、あるいはアジア諸国にメッセージを伝えても、おひざもとの国内で人種差別がある以上、どれだけの説得力をもつというのか。われわれはアメリカがその憲法に規定されたアメリカになるために道路に座り込み、警官の警棒の乱打に耐えているのだ、と語ったのです。そして彼が最後に結んだ言葉を私は忘れることができません。「アメリカがアメリカになるために、誰かが犠牲にならなければならないのだ」と。

平和と民主主義への道は遠くあります。しかしそれは誰かによって踏み固められ、切り拓かれていかねばなりません。そして私やあなたがその「誰か」の一人であることはいうまでもありません。友人のドン君は今はサウス・カロライナの故郷の教会の牧師になって、彼なりに「道」を踏み拓きつつあります。

さてこういう話をしましたのは、聖歌隊の諸君が小さな個人主義的な考え方から解放されて全体のために生きるとき、個人は初めて個性的に生きることができる、ということを知ってもらいたかったからです。人間は個人であるだけではなく個性でなければなりません。それは全体を場として初めて生まれてくるものです。聖歌隊が個人の趣味の対象であり、個人を基準として利益を計るということですと、聖歌隊はいつまでも育たないばかりか、かえって魅力を失っていくでしょう。聖歌隊は個人の集まりではなく個性の集まりであってほしいものです。ソプラノからベースまで各パートが個性を発揮し、各パート内のメンバーが個性的であってこそ、生きたハーモニーも生まれてくるのです。その意味で全体の中で初めて「私」が意味をもち、「私」は全体への参与という形で全体を生かしもし、殺しもするのだ、ということを覚えてください。

さらに聖歌隊はすでに出発して数年になりますが、まだまだしっかりした伝統が生まれていません。その伝統というのは古い習慣を固守するということではなく、その目的とするところに常に新しく立ち返り、建設的な自己批判が生き生きと行われることです。この意味で今、聖歌隊は「道」を踏み固めていくべき時でしょう。委員がお膳立てをして拓いた道を安易に歩むのではなく、皆が協力して一本の道を踏み固めながら拓いていくことが肝心です。それは時には犠牲を要求するかもしれません。しかし犠牲を恐れて事は成就しません。皆が心から苦心し、犠牲を払ってこそ、完成の喜びは一層大きいのです。失うことを恐れてはほんとに得ることもできないのではないでしょうか。

そのためにも皆が讃美歌を唱う前に、まず讃美歌の精神を生きる者であってほしいと願わずにはおれません。

宗教改革記念日に　一九六七・十・三十一

四十歳以後の顔

「四十歳以後の顔は自分に責任がある」と言われます。人間が成長する際にさまざまな要素が働いているると思いますが、大別すると三つになるのではないでしょうか。その一は素質であり、二は環境ですが、三はその人間が選んだものです。人間の自由による選択がその人の人間形成に最も大きく作用すると思います。何を選んだかが、その人の生涯を決定していくわけです。

さて、今年も多くの新入生を迎えて新しい思いで新学年を迎えたのですが、この時にあたって人々は自分が選んだものによって作られていく、ということを真面目に考えてみましょう。選んだもの次第で四十歳以後の自分の顔が決まってくるとすれば、慎重にならざるをえません。ある新聞に高齢の独身女性とそのペットであるブルドッグが並んで写真に写っているのが出ていましたが「似たもの〇〇」という言葉を思い起こしました。あまりによく似ていたからです。歳をとって狐や狸に似てきたのではありありがたくありません。

わたしたちはやはり人間らしい顔をもちたいものです。それにはやはり「人間」を選ばなければならない、と思います。「人間」はそこにあるものではなくて、わたしたちが自覚的に選びとらねばならないものです。生まれたまま、ズルズルと存在しているのは人間とはいえません。「人間とは人間がそれになるべきものである」とある人が言いました。

石川啄木の歌に、

路傍《みちばた》に犬ながながと呿呻《あくび》しぬ
我も真似しぬ
うらやましさに

というのがあります。人間であることのつらさからにじみ出た歌です。失敗やら心配やら世の中の思い煩いの重圧からのがれて、犬のようにくったくなく、のびのびとあくびのできる自分になりたいということでしょう。しかしだからといってわたしたちは犬になることを選ぶことはできません。わたしたちはやはり人間を選ぶほかありませんし、人間を選ばねばなりません。社会のメカニズムの中で人間は機械にされ、歯車の一つにされていく今日です。人間を非人間化していこうとするどんな試みや傾向に対しても私たちは闘って、敢えて人間となる道を選んでいかねばなりません。抵抗や困難のあることは明白です。しかし誰かが人間を選ばないなら、皆が冷たくきしむ歯車に終わるのみです。

キリストは真の人間として人間を選んだ方です。宗教的非人間化（律法主義）からも、国家的非人間化（メシア主義）からも、経済的非人間化（マンモン主義）からも自由でありえた唯一の人間です。人間的とはまず人間（相対的被造者）として創造者を知ることと、人間（相対的主体者）として隣人と共に生きることを意味します。そしてキリストは、そのような人間となる道をわたしたちにそなえられたのです。

四十歳以後の顔のためにも、今を大切にして人間を選びつづけていきましょう。

生きるということ

唯彼のみもとに

「他に訪ね行くべき人を知らず、何事につけても唯彼のみもとに行くことを知る者は幸福《さいわい》である」（キルケゴール『イエスの招き』より）。

「何事につけても」です。喜びにつけ悲しみにつけ、勝利につけ敗北につけです。プラスになろうが、マイナスになろうが、わかってもわからなくてもであります。「人生は一行のボードレールの詩にすぎない」とある人が言いました。それがつまらなさを意味するにしてもすばらしさを意味するにしても、イエスのもとに行くべきなのです。「唯彼のみもとに」です。他者はもちろんのこと、自己の中にもほんとうに「訪ね行くべき人」を見出せない者が、五里霧中の海上で確実な電波をキャッチした漂流中の漁船のごとく、慰めと希望を見出すのは「唯彼のみもとに」おいてです。「幸福《さいわい》」は信ずるものです。見たりつかんだりするのでなく、信頼の中にあるのです。

思い出の讃美歌四九四番

私はその時、ヘトヘトに疲れていました。腹が減って、ひざがガクガクしながら、絶望しきった体を前に運んでいました。頭の中は空っぽになっているような、そのくせいろいろなことがあまりにたくさん入ってきて、何も考えられないような感じでした。

所は逗子の桜山から国鉄逗子駅への道、時は一九四八（昭和二十三）年五月十日でした。敗戦後の混乱の中で、藷の葉っぱとトウモロコシと、煎り大豆でやっと命をつなぎながら通っていた関西学院大学予科も、父の病気と家庭の経済事情で遂にやめなければなりませんでした。私自身も栄養失調で毎日下痢つづきでゲッソリやせてしまい、はきものを買う金もなく藁草履で通学していたころ、千葉のある戦災孤児の収容施設から職員募集の話があって、大阪から千葉に移り、生まれて初めて社会事業に携わってみました。広い習志野の練兵場跡を開拓し、畠を作り麦を蒔き、霜柱の上をサクサクとはだしに草履で麦ふみをしたことは今でも忘れられません。

しかし社会事業の裏にあるみにくいことを、そこに働く私の責任として考えられなかった私は、経営者と衝突しました。

そこを離れて三か月、土木工事の飯場に入り、大阪に帰る金を握って帰阪、寒々とした敗北の意識にうちのめされていたとき、横浜のＹＭＣＡに勤める話が決まりました。十通ほどの紹介状をいただいて、東京、横浜近辺に下宿探しをしたのですが、時が時です。どの家も戦災家族を加えて大入満員。遂に逗子までやって来て、最後の望みの綱も切れてしまったのです。

これが俺の最後なのか、と思った時、小さな教会が眼の前にありました。聖公会のようでした。思わず引き込まれるように会堂の中に入り、椅子に腰かけて芒然としている中に涙が出てきてしかたがなくなりました。「天の父よ」といったきり後は言葉になりません。その時ふと耳に響いてきたのは讃美歌の四九四番でした。

わが行く道いついかに
なるべきかはつゆ知らねど
主はみこころなしたまわん
そなえたもう主のみちを
ふみて行かんひとすじに

私の心に光がさしてきました。大切なことは主の御意《みこころ》であった。新しい就職がここで挫折しても、神の御計画はきっと展げられていくのだ。よし、横浜ＹＭＣＡが御意《みこころ》でないなら、また大阪へ帰って、ニコヨンを続ければよいじゃないか。私の心は明るくなってきました。神の御意《みこころ》こそが第一だったと知りえたことは喜びでした。この讃美歌を唱いつつ、私は逗子駅に向かったのです。

神の不思議な導きは私を横浜ＹＭＣＡに留まらせました。そしてそこから青山学院神学科に通学できるようになり、いつのまにか新しい感謝の思いで四九四番を今日も皆さんと共に唱えるようになったのです。

思い出の讃美歌――古く重きうた――

クリスマスが近づいてきました。あの胸の中がほのぼのと温かくなるクリスマス・カロルの曲のひとしおなつかしく聞ける時期が近づいてきた。私はいわゆる讃美歌論にはまったく素人ですが、クリスマスの讃美歌では特に古いものに感銘をうけます。それは単にメロディーの重厚さを好むという感覚の上のことだけでなく、その曲と詞が耐えてきた歴史の重さを思うからです。たとえば九四番や一〇〇番、あるいは一〇七番にしても、これらの歌が今日までうたわれ続けてきたことの意義を思うと、心のふるえるような感動にうたれます。「新しき歌を主に向かいてうたえ」と詩編九六編にありますが、真に新しい歌は実は歴史の嵐をくぐり抜けてきた古い歌なのではないでしょうか。

私が中学三年のとき、日本は戦争に敗れました。日本の社会はひっくり返ってしまいました。昨日まで価値あり、とされたことは今日は無価値でした。

信ずべき何も残らなかった私たち学生は精神的にも生活的にも文字どおり路頭に迷いました。戦い破れて学園に帰り、墨でところどころをぬりつぶした教科書で歴史の勉強が始まりました。教科書もなく、英字新聞の切り抜きを黒板に書きながら英語の授業が始まりました。しかし始まらなかったのは明日を信じる希望でした。闇市場で戦場から帰った「死にぞこない」といわれる「特攻隊くずれ」が人を殺すようなことが幾度もありました。これからの日本がどうなっていくのか、誰も知らないとき、これをどうとがめることもできませんでした。

そのころ、母校のグリー・クラブが再建されました。私もそれに参加し、敗戦後初めて迎えるクリスマスの直前でした。軍隊の靴や帽子のいでたちで、復員した者、工場に派遣されていた者たちが、ザラザラの紙に粗悪なインキで楽譜を刷り込み、クリスマス・カロルを練習しました。学生戦没者の記念碑の前に円陣を組んで、とうもろこしや豆だけの空腹をしぼってうたいました。冬枯れの芝生は乾いていました。凍りつくような星空の下でカロルが歌える平和と自由に私たちは陶酔しました。

しかし、同じころ経済的不安定と社会的動揺とで多くの学友が学園を去りました。行方不明の者さえ出ました。そして自殺者が出ました。彼はグリー・クラブの一員でした。遺書もなく孤独な海での死でした。私たちは暗く寂しいものでした。しかし、私たちはうたっている讃美歌をかみしめて心でうたおうと思いました。ほのかな希望が点ぜられたのは、歴史の風雪に耐えた讃美歌をうたうときであったのです。

O君のこと

「わたしたちは、見えるものにではなく、見えないものに目を注ぐ」（Iコリント四・一八）。

私の学生時代の友人にO君という人がいます。彼は「絶対的生活」を唱道し、他人と比べて良いからといって喜んだり、悪いからといって悲しんだりするのでなく、神の前に神を相手として生きることが何よりも大切だ、と言い、他人を押しのけたり、出し抜いたりは決してしない、というのが信条でした。学生時代に彼の言葉じりをとらえて、「しかし君も入学試験を受けて入ったじゃあないか」と言うと、「いいや、神学科は定員に満ちなかったから入ったのだ」と答えます。

卒業のとき、彼は就職運動なるものを決してしませんでした。「神さまが僕を必要とされるのなら、仕事はこっちで探さなくても向こうから降ってくるよ」と言っていました。事情があって彼は卒業が半年遅れましたが、少しも動揺しません。悠々と高等部（青山学院）の清掃作業員などをアルバイトにしながら、卒業を待ちました。そしてまさしく「降ってきた」仕事に就いたのです。三月末、別れに来たとき「岡山で学校の先生になる」とだけしか言いませんでしたが、便りが来て驚きました。長島の愛生園（ハンセン氏病者療養所）の中学教師になっていたのでした。

療養所の患者たちと一緒に手づかみで同じ皿からトマトを食べるという彼の生活は、皆の愛慕の的になりました。夏休みの旅行に出たときも、彼の行先を追いかけて中学生たちが手紙を送ってきます。その旅行も、全国に散在する結核で自宅療養中のクリスチャンの家を一軒ずつ訪問してまわるのです。

「お見舞いなんかじゃあない。闘病の信仰を勉強しに行くんだから」というのが彼の口癖でした。

つい最近、彼は東京の村山の白十字会結核療養所（シュヴァイツァー博士と共に働いた野村実博士が所長）に移りました。先日訪ねて来て今度は白十字会の財団主事になって、約一千万円の募金に歩いている、と言っていました。この募金には方針があって、彼によると、いわゆる一般の募金のように金額が集まればよい、というものではないので、特に大口寄附をお願いすることはしないのだ、というのです。大口寄附の場合、財団はとかく特定の人に特定の関係を結ばなければならなくなり、特定の人の意見が財団の方針を支配するようになったり、その人の都合で寄附が止まったりすると、たちまち財団が死活問題に当面するようなことになりがちです。それゆえ大口の寄附ではなく、一口千円の小口寄附者で、何よりも財団の目的に賛同してくれる協力者を一万人確保するのが目標だ、と言っていました。

ただ多額の寄附が集まればよいというのではなく、寄附者のまごころを集めたい、という彼の募金の方針は、「見えるもの」をあてにせず、「見えない」まごころをあてにするということではないでしょうか。「見えるもの」は確実なようで、実は少しも確実ではありません。むしろ「見えないもの」にこそ確実なものがあるのです。「見える」人だけを相手にしてふりまわされるのでなく、「見えない」絶対者の前に自己の場を見出す人は、何ものにも勝る確実さの中に生きているといえるでしょう。O君の生き方はその意味で私には常に一つの驚きであり、一つの問いであるとともに、憧憬でもあります。

今年の修養会で私たちは「職業」について学び語り合いました。皆がO君のような生を生きよ、というわけではありませんが、しかしこのような生き方がある、ということは私たちに人生へのある視点を提供していることを意味しないでしょうか。自分のしたいことと、しなければならぬことが一致することほどすばらしい人生はありません。O君はまさしくそのような生を歩んでいる人だといえるでしょう。O君の新しい仕事に神が祝福と導きを豊かに与えてくださることを私は信じていますし、彼から求められている協力を誇りと喜びをもっていたしたいと思っています。

いかがです、君も一枚加わりませんか。

怪しい女を追う話

ある本に次のようなインドの昔話がありました。ある町に三十人の仲のよい若者たちが住んでいました。二十九人はいずれも妻を得たばかりで、そのお祝いに同伴でピクニックに行くことになりました。ところが残った一人がまだ独身で、参加する資格がありません。皆は「君が一人欠けたのでは面白くないから、どこからか女を借りて来い」というわけで、彼は遊里の一娼婦にその旨を頼んで、臨時の奥さんになってもらいました。

さて当日、三十組の若夫婦は森の中で、のめやうたえで時を過ごし、すっかりくたびれて皆眠ってしまいました。しかしあの娼婦だけは眠らなかったのです。彼女は金目のものをかき集め、皆が正体なく眠りこけている間にドロンをきめこんだわけです。一同が気がついてみると貴重品がなく、女も見あたらないのであわてて「あの女を追いかけろ」とばかり手わけして林の中をうろうろ、あちこちを探し始めましたが、皆目行方がわかりません。その時たまたま森の木の下で坐禅を組んでいたお釈迦様に出会いました。お釈迦様は「お前たちは何を探しているのか」と問われました。若者たちは一部始終を話して「怪しい女」を見かけなかったかと尋ねますと、「お前たちはどう思うか、怪しい女を探すことと自分自身を探すことと、いずれが大事であろうか」と逆に問われました。思いがけないお釈迦様の質問に虚をつかれた若者たちは、やがて悟るところあって「自分自身を探す方が大事です」と答えて出家したというのです。

このお釈迦様の質問は今日の私たちにも問いかけられているように思います。三十人の若者たちと私たちは同じような生活をしているように思います。私たちは「名誉」「地位」「仕事」などいろいろな形と名をもった「怪しい女」を追いかけてばかりいるのではないでしょうか。そのためにわれを忘れて、自分を失ってしまっているのではないでしょうか。私たちに必要なことは、自分を見出し自分を失わないことです。「人が全世界をうけても、自分の命を損したら、なんの得になろうか」（マルコ八・三六）です。

しかし同時に、私たちは「怪しい女」を忘れてはなりません。それはこっそり、大衆の権利と幸福を盗んでいく「女」です。社会の仕組みの中で巧みに搾取を行う「怪しい女」の跡を追わねばなりません。この「女」から眼をそらせて自分のへソばかり眺めさせる宗教は「阿片」だと言われてもしかたがないと思います。自分を発見するとともに、否、発見したからこそ、いよいよ「怪しい女」を追わねばなりません。永遠を知った者は真に時間的に生きるのですから。

「お母さん、私が何か人に与えるべきものを持っていると思っていらっしゃるのですね。与えると言っては適切な表現ではありませんが、私自身も、人に引き渡さなければならない純金の預かり物が自分の内にあるという、増大していく一種の確信を持っているのです」。

（シモーヌ・ヴェイユ）

自然と人生

一年がまた過ぎ去った。年の暮れはわれわれに人の世の終末を思わしめ、年の始めはその新しい出発を思わしめます。忘年会をしなければならぬような年を過ごすまいと思っても、結局忘れたい思い出ばかりが残る年を過ごしてしまうものです。

野ざらしを心に風のしむ身哉《かな》

齢《よわい》四十にして西方への旅を決意し、「野ざらし」の自らの白骨を覚悟して出立した芭蕉の心境を思うと、不惑の年に段々近づきつつある自分を省みて、惑うことといよいよ多きを感ずるのみです。

いったい人間は時間の重さにどこまで耐えられるものでしょうか。かつて地球が重いといって自殺した共産党員がいて、胸をつかれる思いをしたことがあります。そもそも時間とは耐えられるべきものなのでしょうか。

石川啄木が、

路傍《みちばた》に犬ながながと呿呻《あくび》しぬ
われも真似しぬ
うらやましさに

と歌っているのをみても、人間とは時間からの自由を叫び求めているけれども、実は時間そのものになることの中に自由があるのではないのか。時間に帰ることが自由なのではないか。時間からの解放というようなことは抽象性のオバケみたいなものに違いありません。「永遠の愛の誓い」とか、「二世の契り」とか、「無限の幸福」とかはみな、このオバケです。このオバケにユーモアを与えることができれば、時間が自由になるはずです。

「今、ここにある私」が私である

庭上の一寒梅　笑うて風雪を侵して開く
争はずまた力《つと》めず
自ずから占む百花の魁
（新島襄）

ある書物で見たこの句は、味わうごとに豊かさを増してくれる。自然から堕ちたことが「罪」なのだ、としみじみ思います。血走った眼は自然に向けねばなりません。

学生時代の寮生活当時、ある英文科の一学生の書物の裏表紙に書きつけてあった英詩を思い出します。誰の作だか彼も知らず、私ももちろん知らない。しかし時間の中にある自由さを想起させてくれる詩です。自然の中にある人生をさす歌です。

God hath not always promised
Skies always blue,
Flower-strewn pathways,
All our lives through;
God hath not always promised
Sun without rain,

Joy without sorrow,
Peace without pain,

But God hath promised
Strength for the day,
Rest for the labour,
Light for the way,

Grace for the trials,
Help from above,
Unfailing sympathy,
Undying love.

神さまは必ずしも御約束してくださいませんでした
空がいつも澄みわたることを
小道にいつも花が散っていることを
われわれの一生を通じて

神さまは必ずしも御約束してくださいませんでした
雨のない太陽を
悲しみのないよろこびを
苦しみのない平和を

けれども神さまは御約束してくださいました
その日一日のための力を
労働のための休息を
行く手に光を

試練にあたっては天来の助けを
絶えることのないあわれみと
永遠の愛と
さらに慈悲とを

（編集者訳）

自然と人生

一年の区切りのめぐり来るときに、生命の芽はいつも備えられています。すべての生命の時が、神の手の中にあることが、審判であり、恩寵なのです。隠されたものは必ずあらわにされます。それが生命の真理の性格だからです。

何と云われても
わたくしはひかる水玉

（宮沢賢治）

愛の奥義

太宰治の「家庭の幸福」という作品があります。

主人公は津島修治（太宰治の本名）という三十歳になる町役場の戸籍係です。彼は職場にあっては上司、部下の信頼を集め、いつも「苦労を忘れさせるような」ニコニコ顔で人と応対します。家庭にあっては模範的亭主であり、模範的パパであり息子である。酒もタバコもやらず、よく働き、健康で趣味もよく、庭には花を造り、にわとり小屋には何羽かのレグホーンが毎朝卵を生んでは一家に歓声を湧かせるのです。要するに幸福な家庭なのです。

ある日、彼は同僚からおしつけられた「宝くじ」二枚の中一枚が千円に当たったのに気づき、こわれそうな古ラジオの代わりに新品をとどけるようにラジオ屋に寄って出勤します。役場でいつものごとく執務しますが、新しいラジオを囲む妻や子どもを想像するとさすがに浮々してくるのでした。やがて帰宅の時間になりました。

そこへ息せき切って身すぼらしい身なりの女が出産届をもってとびこんで来ました。「おねがいします」「だめですよ」（彼は苦労を忘れさせるように）「おねがいします」「時計をごらん、時計を」（彼は上きげんで答える）「今日でなければあたし困るんです」。しかし津島はもうそこには居なかった。

翌日玉川上水にとびこんだ身許不明の女がいました。しかし津島には何の責任もありません。彼は帰宅すべき時間に帰ったまでのことです。ニコニコと家庭の幸福のために。しかしそこに問題はないでしょうか。太宰治はこの小説を「家庭の幸福は諸悪のもと」ということばで結んでいます。ここには愛の矛盾があります。否、愛のおとし穴があります。愛が悪を生み、愛が死を生むという事実があります。これはまったく特殊な例にすぎないのでしょうか。私と無縁の偶発事の一つなのでしょうか。

人がうらやむようなすばらしい恋愛結婚をした夫婦がいます。主人はN鉄鋼会社につとめていましたが、わずか二年にして彼らは別居の生活に入りました。主人はハワイに去ってしまいました。別居の理由は、主人が元来運動好きで、特に柔道の選手であったことから、毎日の型にはまった会社員生活にあきたらず、柔道教師として身を立てようと主張したことでした。妻と主人の母は有名会社を捨てて、安定性の少ない柔道教師の道に入ることにはげしく反対しました。妻は主人の昇進を早めようとして主人の同僚や上司と知り合うチャンスを求め、彼らにとり入りました。彼女にとってはそれが夫への愛に外ならなかったのです。そのような妻に嫌気がさした夫は家を捨ててとび出し、ハワイに渡ってしまいました。妻は「こんなに愛しているのに」といって涙をこぼして口惜しがったのです。日本一の重役に仕立てようという彼女らしい夢はつぶれ去ってしまいました。

ここにも愛の矛盾があります。けんめいに夫を愛していながら夫は自分の手から去っていくのです。「家庭の幸福」においては一応愛は成功しているかに見えますが、その背後に他人の死を生んでいました。この場合はいかにもして愛を成功させようとしてかえって失敗しているのです。ここに愛の落とし穴がある。それはいったい何でしょうか。

石川啄木の歌に、

その膝に枕しつつも
我がこころ
思いしはみな我のことなり

というのがあります。悲しい歌、恐ろしい歌です。

しかし、また心をうつ歌でもあります。愛し合っていてもなおぬぐい去れない「不安」と「孤独感」。ここに人間の存在深く喰い込んでいるエゴイズムのとげを見るのです。愛がどうしたら成功するか、を問題にする前に愛の主体である自己をまともに見ていないところに落とし穴があります。この落とし穴には四つの型があります。⑴愛していると思っている。⑵愛されていると思っている。⑶愛し得ると思っている。⑷愛され得ると思っている。キルケゴールによれば、これらは皆「うぬぼれ」の結果です。まことの愛の主体は自己をさめた眼をもって見つめ、うぬぼれを去らねばなりません。

自己を正しく見るには鏡がいります。自己は他者とのかかわりにおいて知られます。したがって何にかかわっているかによって、自己を知る度合いも決まってきます。したがって、究極的な存在との関係の中で人は自己を最も深く知り得るのです。

聖書はこの究極的なものと人間との関係を「召し」（ガラテヤ五・一三）という言葉で表現します。「召し」とは神がその人を選び、呼び出し、受け入れておられることです。「うぬぼれ」とは自己をありのままに正しく受け入れていないことです。「召し」とは人がありのままに受け入れられていることです。ところで「召し」は何かをなすべく「召された」のです。そこには自分を召した方のために、あるいは私を受け入れてくれた方のために生きる、という姿勢が生まれるのです。ここに生き甲斐というものがあります。人間はどんなに苦しくとも生き甲斐をもつとき、自由なのです。自由とは生き甲斐のことであり、人間らしく生きるとは、尽きることのない生き甲斐をもつことです。

この神による生き甲斐に生きる人間こそが、真の意味での愛の主体なのです。彼は「うぬぼれ」でなく真の愛に生きる「さめた眼」をもって、自己と隣人とを見ることができるのです。自己のための人生から、人生のための自己へのコペルニクス的転回の中に愛の奥義がひそんでいるのです。あなたもまた「召されている」のです。

「人生から何をわれわれはまだ期待できるかが問題なのではなくて、むしろ人生が何をわれわれから期待しているかが問題なのである」。

（「夜と霧」ヴィクトール・フランクル）

生き抜く力——キリストの受難と復活——

「この日は準備の日であって、安息日が始まりかけていた」（ルカ二三・五四）。

数年前のこと、あるデパートの催し場で「ニコヨン美術展」が開かれました。タバコの箱を組み合わせて造った住宅の模型や、マッチ棒のお寺や、拾った木の根っこを利用したオブジェなどなかなか面白いものが並んでいる中に、書画の部でわたしは一枚の色紙に書かれた詩に引きつけられました。

ヒッコ抜かれた
棒っ杭みたいに
何も残らない
ニコヨンの死

これがどんな事情でうたわれたにしろ、それは重要なことではありません。わたしは痛切な、名状し難い共感をもってこの詩をかみしめざるをえませんでした。死は人間の普遍的事実なのですが、それはいつも驚きとしてやってきます。あいつぐ最近の航空機事故を身近かに経験して自分の生命について改めて考えた人も多いのではないでしょうか。人間は生まれると同時に死へと方向づけられているのです。不景気なことをいうな、といわれるかもしれませんが、確かに人間は生まれるとともに死にはじめているのです。このことに気づこうが気づくまいが、わたしたちの生活はこれに動かされ、揺さぶられているように思われます。自分の生命を、生活を何としてでも安全に確保しなければ、という衝動はわたしたちの生活を暗い、陰惨なものにしていきます。

先日ある新聞で「エゴイスト学生」という記事を読みました。「勉強するのは他の者と〝差をつけるため〟と考えている」という私立中学生や、「でもね、ここ教えてくれよといってるのも、ポーズが多いからなあ。できないフリをしてるんですよ」という高校生のことばが出ていました。「自分の穴の中に閉じこもり、他人を警戒して自分を防衛し、相手を出し抜こうとする「がめつい奴・学生版」は、人間は死にはじめているという不安と何の関係もないのでしょうか。ある学生は反抗的に非行化していきます。よくないことと知りつつ、良心をねじ曲げて秀才づらの学生や両親、教師に反抗的にポーズをとるのです。しかもこのようなことは学生に限りません。形をかえて社会一般によく見られるはずです。

いずれにしても私たちはこういう状態から脱出しなければなりません。サルトルは「出口なし」と断言しましたけれども、はたしてそうでしょうか。この問題をほんとうに解決するためには、私たちは「死は勝利にのまれてしまった。死よ、おまえの勝利は、どこにあるのか、死よ、おまえのとげはどこにあるのか」（Ｉコリント一五・五五）という聖書の言葉を真剣に取り挙げなければなりません。死は決して人間の絶対的な最後ではないのだ。というのが聖書の主張なのです。といって聖書は無限に生きねばならない「悪しき永遠」をいうわけではありません。真に死を乗り越える生命――永遠の生命――は「愛」の中にあります。「愛さない者は死のうちにとどまっている」（Ｉヨハネ三・一四）。

この愛は「愛しちゃったのよ」というような偶然的なものとも、「骨まで愛して」というような楽観的なものとも違います。端的に言って聖書の愛とは、愛しえないという虚無的な現実をつきぬけた神の愛によって生きることにほかなりません。「自分の穴の中」でしか生きようとしないわたしたちを責め、さばき、ゆるし、きよめる神の愛は、十字架において頂点に達するイエスの生涯に現れています。この神の愛にこたえて、できてもできなくても、プラスになろうがマイナスになろうが隣人を愛して「生き抜く力」が、死より復活し、死に打ち勝ったキリストにおいてわたしたちに差し出されているのです。

菊づくり
　菊見るときは　蔭のひと

とある人が歌ったように、わたしたちの人生が美しく豊かなものであるためには隠された神の犠牲愛とその力によらねばなりません。

受難週と復活節にあたり、わたしたちはもう一度アリマタヤのヨセフの姿をふりかえりましょう。かれは十二弟子に捨てられて十字架上に死んだ神の子の体を布に包み、黙々と墓に納めました。かれはイエスがいかに孤独の中に徹底的に死んだかを見ていました。しかし、その時すでにかれは「安息日が始まりかけていた」のを知っていたのです。神によるいっさいの創造の完成の日である「安息日」を。最も深くキリストの死を知ったかれは、おそらく最も深くキリストの復活の生命をも知ったことでしょう。それは新しい創造のはじめであり、いっさいの障害、最後の敵、死にも打ち勝つ「生き抜く力」でした。それは今日のわたしたちの人生を内側から新しくし、共に生きる世界の創造へとわたしたちを献身させるのです。

関係の言語

今日は言葉の氾濫の時代である。といわれています。ほんとうに必要な言葉を押しつけて、やたらと意図的に不必要な言葉がいろいろなところから注ぎ込まれます。言葉は人間の生活に不可欠のものですが、しかしほんとうに必要なものは言葉の裏にあるものです。それは文字に先立つもので、それなくしてはどんなにすばらしい雄弁も、大きな声で語られる言葉も、それこそ「御使たちの言葉を語っても」、「やかましい鐘や騒がしい鐃鉢と同じ」（Iコリント一三・一）です。その「もの」とは聖書では「愛」といわれます。それをルウエル・ハウという人は「関係の言語」（Language of Relationship）と名づけました。マルティン・ブーバーという人は「我－汝・関係」と表現しました。要するに表面的な言葉でなく、言葉の奥にある、共通の生活体験に基づいて理解することを前提とした関係のことです。

これは文字に先立つ「ことば」として、人間の成長の最初期の段階で、決定的に作用します。幼児は十二か月までに信頼と不信との感覚を得ます。エリクソンは「自分と世界に対する態度としての基本的信頼感は、最初の一年の経験から生まれる」と言っています。このような基本的信頼感は後に神への信頼に結びつく可能性となるでしょう。信仰のことは大きくなって、分別がついてからにすべきだ、とよく聞かされますが、事実は必ずしもそうではありません。そういう誤解はしばしば、言葉というものを文字になったものとしてしか解さないことに基づくようです。人間の言葉というものは、その奥、あるいは裏面にある、基本的信頼感とか、「関係の言語」というべきものがあってこそ生きたものとなるのです。意味というものは、言葉の背後にあります。意味の背後には共に生きている人間の経験があるのです。

児童が信頼感をもつ過程を考えてみると、母親が説明したり、言い聞かせたりして子どもは信頼を知るわけではありません。「今日は、赤ちゃん。あたしは信頼すべきママよ」なんて誰も言いません。母親が熱心に説明すればするほど、子どもは信頼どころか、不安になることでしょう。これは大人に対してもいえることです。福音がいかにすばらしく、キリストはいかに真実にいますかを、口頭でいくら説教しても、説明しても、どれだけほんとうに伝道されているでしょうか。

母親は教えません。教えることはできないのです。信頼というものは、人の心に目ざめるだけです。

信頼に目ざめた人が、言葉や本などで、改めて信頼とは何であるかを知るのです。キルケゴールも『愛のわざ』という書物の中に、愛する者のみが愛を語る資格をもっている、と言っています。ヘレン・ケラー女史が「神」について教えられたとき、「私はすでにその方を知っておりました」と答えたのは、彼女がこの「関係の言語」としての基本的信頼感を体験していたからでしょう。

ところでこの基本的信頼感はどのように目ざめるのでしょうか。それは母親の行為によってです。赤ん坊は一切合切他人に依存してその生を始めます。赤ん坊の主張は一言でいえば、「欲しい」ということです。食物が「欲しい」、相手が「欲しい」ということは、人間になりたい、ということなのです。この「欲しい」に応じてやることが、赤ん坊の人間としての出発になります。そしてそれは基本的信頼感の体験となって、彼の人格の基礎となるわけです。

しかし、他方母親も人間ですから、疲れてしまったり、イライラすることもあるでしょう。他に子どももあればご主人もいるでしょう。そこで赤ん坊の「欲しい」にそういつもうまく応えてやることができません。そこに「不信」の感情が現れるのです。太宰治が「一生に一度でもよい。ほんとに祈ることができたら……」と言いましたが、この言葉の中には「どうしたら神を信ずることができるのか。こんなに信じたいのに……」という思いがあるのです。「欲しい」に、いつも確実に機械的に応えていれば、かえって「信頼」は生まれないのです。「信頼」は「不信」を乗り越えた時にすでに生まれているのです。その「不信」を克服させるものが「関係の言語」というものだと思います。太宰治があれほど聖書を読みながら、ついに信仰にとびこめなかったのは、教会に入らなかったからだ、といわれています。

せまい意味の教会でなくとも、彼が「関係の言語」で語り合える友と交わりめぐり合っていたとしたら、日本の近代文学史は新しく書き直さなければならなかったでしょう。幼児のことと成人のこととをゴチャゴチャにしているようですが、人間の構造というものは、若くても老いても基本的には同じではないでしょうか。

私は教会の伝道の責任の一部を負っている者としてよく感ずるのですが、「信ぜよ」とはよくいいますが、「関係の言語」を互いに経験することが甚だ少ないように思うのです。ですから、説教で専門語ばかりを独りよがりに用いてしまったり、お互いに違った意味で、同じ言葉を用いるために、どうどうめぐりの議論になったりするのではないでしょうか。子どもの場合でも、すばらしい経験をしたとき、それを「関係の言語」によって教師と児童が分かち合い、共通理解にまでもたらし、概念化するときに、初めてその上にさらに高い、深い教育が積み重ねられるわけです。「理解」しなければ「知識」になりません。

児童に「主の祈り」や「十戒」を教えるにしても、児童の経験が「接点」として用いられねばならないと思います。児童の経験を共有し、「関係の言語」において語るとき、彼らに意味あるものとなるのです。私の長男は今二歳五か月ですが、時々私が森繁久彌の調子で「俺は河原の枯れすすき」とか「命短かし恋せよ乙女」などとうなっていると、いつのまにか覚えてしまい、「同じお前も枯れすすき」だの、「紅きくちびるあせぬ間に」とかやりだしたので、驚いて子どもの前ではうたわぬことにしましたが、こんな歌はもちろん彼にとって何の意味もないわけです。

とにかく、今日私たちは人間として、教師として、親として、友として、「関係の言語」によって語ることができなければなりません。この「言語」は生命との対話なのです。ですから母親が胎児とも交わし得る「言語」でもあります。それは「我」が「我」となるために「汝」を必要とし、「汝」が「汝」となるために「我」を必要とする、という関係を生み、その関係によっていよいよ深められていく対話であります。ハウは「同じ関係を通して愛と和解の交わりを生み出したもう聖霊は、私たちが和解を与えられ、かつ和解を与えるものとなるような経験をさせてくださる」と言っています。「関係の言語」はこの意味で聖霊の賜わる「言葉」なのです。

「もし彼を否むなら、彼もわたしたちを否むであろう」（Ⅱテモテ二・一二）。

愛と孤独

一　人間――交わりの存在――

プラトンの『饗宴』の中に、神々を攻撃する人間を真二つに断ち切って、その半分が互いに相手を求めてやまないようにし、神々への反抗を防いだ、という話があります。つまり人間は元来一つの性であったのに、これ以来男女に分けられ、男性、女性が生まれたというのです。男性も女性も相互に求め合いながら実は元来の一性にもどろうとしているわけです。男性は男性であることを克服し、女性は女性であることを克服するのが、いわば愛の目的であります。

しかし聖書の創造物語はまったく別のことを告げています。ある伝承によると、神は人間を最初から男と女に造られました。しかし別の伝承によると女は男の肋骨から造り出されたものです。これは「これこそついにわたしの骨の骨、肉の肉」といわれるほどの男女の連帯性を示すと同様、男は男として造られ、女は女として造られたことを示しています。ここで重要なことは男であれ女であれ、人は交わって生きる者だということです。それが神の創造の目的に即することなのです。バルトという神学者は、神はその像《かたち》に似せて人間を創造されたという聖書の言葉を解釈して、神は父、子、御霊の交わりの神であり、その像《かたち》をもつ人間は交わりを本質として造られたのであって、性の区別と連帯はその意味で神の像《かたち》を表す一つのしるしであると述べています。

人間とは交わりの存在であるということは、単に男女の関係のみならず多様な性のあり方も含めて親子、兄弟から、広くは国民、民族の関係に及ぶことです。ギリシャの神話のように区別のない状態を復元することが目的でなく、聖書の人間観は神と人とに対する関係の中で初めて人間であることを成就するというのです。そこで聖書の愛はミソもクソも一つになるということではなく、相互に異なった存在であることを自覚しつつ、その上で結び合うことになります。聖書のいう平和（シャーローム）もまたこういう状態を意味しています。

二　孤独の現実

しかし、今日ほどこうした言葉が空疎に響く時代もありません。むしろ私たちにはサルトルがいうような「地獄とは他人のことだ」（『出口なし』）という言葉の方が現実的に聞こえます。先日ある新聞で「ゾッとする話」という記事がありました。それはある俳句や短歌に関心をもっている人が、子どもたちの心を少しでも豊かなものにしたいという気持で児童俳句教室を開いたのだそうです。小学生の間はよく出てくるが、中学生にもなると、親が受験勉強を刺激して、呑気な俳句でもあるまいといって、やめさせるというのです。それでも熱心な子どもが僅かですが続けて来ます。ところが、ある日中学校の入学式の感想をうたわせたところ、

今日よりは　仇《かたき》と思え　我が友を

という句が、その熱心に来る子から出た、というのです。その子の将来と、その子たちによって導かれる日本を思うと、何とも「ゾッとした」ということでした。

私は青山学院の神学科で教えていますが、夏休みの実習で学生たちがいろいろな団体の催す児童キャンプに指導者として派遣され、その報告を聞いたとき、こんな話がありました。約十名ほどが一つのキャビンに寝るのですが、朝夕必ず皆で掃除をしようという約束をし、一日めの夜になりました。そのグループには東京のC区のある有名な小学校の生徒が二名入っていましたが、「あのチューインガムの

カスは僕のじゃない。あのちり紙も僕のじゃない。汚した人が片づければよいのだ」といって協力しないのです。リーダーの大学生（女子）がいろいろと説得したのですが聞こうとしないばかりか、「リーダーは子どもの面倒を見るために来てるんだろう。リーダーが片づければいいんだ」という始末です。その学生は報告のときに、ああいう子どもが有名なK中学へ行き、H高校に行き、やがてT大を出て日本の政治・経済・文化の指導的役割を果たすようになったら、日本はどうなるのでしょう、と語っていました。当然な憂いです。

私たちはここで何が人間にとって、特に児童にとって最も幸せなことだろうか、ともう一度考えさせられます。人間として最も大切なものを与えられないで、技術的知識ばかりが一杯つめこまれ、たえず他人を警戒し、自己保存のみに汲々とするようになってしまっては、いかに学歴があろうと、頭が良かろうと、真に創造的な人生は決して生きられないでしょう。

三　「出口なし」？

しかし現代はそれほどにまで連帯も愛も失われてしまっているのでしょうか。サルトルの『出口なし』は一つの暗示を与えているようにみえます。それは「地獄」に入って来た男が二人の女と対話するうちに、互いに罵り合い、見せかけを引っぱがし合い、散々悪態の限りを尽し合うので、たまりかねた男が「ここから出してくれー」と叫んで閉ざされたドアを激しくたたきます。すると突然そのドアが開き、異様な無限の空間がのぞけます。そこを出たいと叫んだ男は一瞬沈黙し、やがて、悪口雑言《あっこうぞうごん》をいう女たちのもとに帰って来て、「地獄とは他人のことだ」と言いますと、女も「それがわかったならさあ続けよう」と言うのです。そしてまたあの罵り合いを続ける、という芝居です。

これは傷つけ合いながらでも、「孤独」でいるよりは人間の傍にいた方がましだ、ということを意味しないでしょうか。つまり現代はそんなにも絶望的に、実は連帯を求めているのだ、ということではないでしょうか。人間が交わりを本質として造られているということがこんなことからも立証されるように思えてなりません。

しかし連帯が人間の本質的条件であるとすれば、互いに「地獄」にならずに素直にその条件を満たしていくことはできないものでしょうか。人間の素直な、最も深い所から聞こえてくる願望の声は「誰かと共にあること、われわれと共にいてくれる誰かをもつこと、そしてその人によってすべてのものと共にあることを知ること」（ハウ）だといわれます。ほんとうは共に一つの生を生きたいと願っていながら現実には反目し合い、避け合っている状態を私たちは毎日のように経験するではありませんか。パウル・ティリッヒという人は「この分離の状態が罪ということである」と言っています。これが悪循環を構成しているのです。つまり孤独を克服しようとして愛を求め、愛を求めて得られずまた孤独に舞い戻るという始末です。

四　受容の福音

ドストエフスキーの処女作『貧しき人々』という小説の主人公マカールは遠縁の娘ワーリニカを心か

ら愛して自分の貧しい生活を極度に切りつめて娘を助けています。ところがこの娘に結婚話がもち上がったとき、マカールは掌中の玉を取られたように絶望し、ひどく酔っぱらってアパート中の人々の笑い者になってしまいます。そのころ自分の老後の望みを託していた独り息子が留学先のモスクワで病死したという報せを受けます。われを失ったようになった彼は勤め先の市役所で大きなミスを起こしてしまいました。折柄地方長官の巡察があり、老人のミスが取り挙げられ審問されることになりました。ある日上司、同僚の注目の中で長官の前に老人は進み出ます。唯一本の糸でつながっていたオーバーの最後のボタンが落ちて長官の足もとにころがりました。顔から火の出る思いでそれを拾い上げ、目のやりばもなくしている老人をずっと見ていた長官は、皆を去らせた後、この老人の手を握り、「君、みなりを直したまえ」とだけ言ってソッと百ルーブル紙幣をその手に与えて去って行きました。老人は躍り上がるように喜びをもってワーリニカに手紙を書き、「私は百ルーブルをいただいたことが嬉しいのではないのです。あの方はこんな私を受け入れて、『君』と呼んでくだすった。ああ、私はもう一度人間としての誇りを回復したのです」と述べ、娘の婚礼のために淋しさを超えて東奔西走し始めるのでした。

愛と孤独の悪循環を断ち切って、真の自分に目ざめ、私が私であることに満足して生きるために、私たちは大きな力、大きな愛を必要とするものです。私たちは受け容れられることによって、受け容れることができるのではないでしょうか。人を受け容れる前に自己を受け容れなければなりません。自己を受け容れるためには、「こんな私」をも受け容れてくださった主イエスを仰ぎ見ること以外に道はありません。主イエスのもとにこそ私が認められ、かつ他者を認め得る場所があるのです。

「他に行くべき人を知らず、何事につけても唯彼のみもとに行くべきことを知る人は幸いである」

（キルケゴール『イエスの招き』より）。

説教

はじめに

「はじめに神は天と地とを創造された」（創世一・一）。

聖書の冒頭を飾るこの偉大なことばは、聖書の全篇を貫いて黙示録の末尾にいたるまで鳴り響いて、かつての日と同じく今日もいよいよ深い訴えをもって魂に迫ってきます。「はじめに神」とはいっさいの「はじめ」が神のものであること、そしてそれゆえにいっさいの「おわり」もまた神のものであることを意味します。いっさいの存在の基底は神の手の中にあります。すべては神の「創造された」ものとして神の所有です。人間の罪も反逆も諦念もこのさだめを超えることはできません。それは「造られたままに生きよ」というきびしくも、慰めに満ちた命令を含んでいます。自己の存在は自分で確保しようと夢中になり、われを失っている者を幻想から解放することばです。「被造の我」に生きることを得た者は、世界の中からあらゆる「絶対化」というデーモンを追放する仕事にたずさわるのです。神のものを神に帰するために。

聖書講解

あなたはどこにいるのか——創世記三章講解——

序言

創世記三章はいわゆる「失楽園」の記事としてあまりにも有名です。アダムとエバの堕罪の物語は人間の本質の問題にかかわる重大なことを暗示します。その意味では絶えず新しく現代的意義をもつものとして、くり返し学ばれるべきものです。

とはいえ、この物語が古代バビロニアの「アダパの神話」と近似するイスラエル民族の神話であることに間違いはありません。しかし神話であることは無価値であることとは違います。否むしろ神話は古代人の文化的な真理の表白として極めて意味深いものなのです。聖書を解釈する場合、これら神話的記述のもつ象徴的性格を理解すべきです。それは事実ではないにしても真実であることは確かです。創世記の編者は古代の神話的記述によって彼の実存的な信仰を告白しているのです。

一　自由の欺瞞（一―七）

「取って食べるな」という神の禁令は、もしそれを敢えて犯すなら「死ぬであろう」からです。神の禁令とは人間の限界です。禁令を犯すことは人間の限界を超えることです。人間の自由（それは人間の条件である）は、それが人間の自由であるならば、人間の限界内において条件づけられている自由です。無条件の自由なるものは無意味です。それゆえ自由とは自由の条件を知る知恵であるといえるでしょう。何も条件をもたない抽象的な自由は、自由の条件を自由の名において乗り越えようとする。それは自由の自殺行為にほかなりません。それは「決して死ぬことはないでしょう」という〝へび〟の言葉を語ります。しかも「神のように」という魅惑的な形容をつけて。ここに「自由の欺瞞」があります。神の禁令は人間の存在条件を意味します。「こうだ」という神の現実規定を「そうだ」と受けて立つ者こそ、さめた眼で自己と世界を見る者でしょう。

二　責任転嫁（八―一三）

禁断の木の実を食べて、「神のように」なるはずであったアダムとエバは、神を避けて逃走します。

自己の善悪の基準となる良心が、彼らを神の前から追いやりました。人間は良心によって自己の審判者となりました。神のさばきでなく、自己のさばきのもとで彼らは苦しみます。しかも常にそれは自己正当化の意図をかくしもっています。アダムはエバのせいにし、エバは〝へび〟のせいにしようとします。ここに責任転嫁の罪があります。人間は罪を犯すだけでなく、それを犯し続けるか、転嫁するようになります。そこにさらに深い罪があるのです。

「あなたはどこにいるのか」という神の声は、良心のさばきのもとに低迷する人間を、神の前に立つ人間として定位します。良心のさばきをさらにさばくことによって、人間を良心から解放します。かくして人間は神によって被造者として、「罪人」として定位され、非中心化され、相対化されます。

三　人間の運命（一四―一九）

「罪人」としての人間の運命は神の祝福と呪いのもとにあります。神は〝へび〟と〝女〟との間に恨をおきました。サタンと人間は敵となりました。人間の敵は人間ではなく、非人間化への誘惑者サタンです。サタンに対する和解はありえません。そこには激しい戦いがあるのみです。それは呪いのもとにある人間の運命です。女はへびの「かしらを砕き」、へびは女の「かかとを砕く」。これはサタンの人間に対する攻撃がfatalなものでなく、終末における人間の勝利を意味します。それは祝福のもとにある人間の運命です。女が「苦しんで子を産む」ことが呪いの運命であり、しかし「苦しんで子を産む」ことが祝福の運命なのです。男が「苦しんで地から食物を取る」ことが呪いであり、しかし「苦しんで地から食物を取る」ことが祝福なのです。そして「ちりに帰る」人間は「神のような」ものからの完全な解放を運命とします。

四　楽園追放（二〇—二四）

この祝福と呪いのもとに歴史が始まります。呪いもまた神の呪いであるゆえに保持されており、その限りにおいて祝福です。「はだか」であることができない人間に、神は自ら「皮の着物」を造り与えました。罪人としての人間の保持であり、承認であります。神の言に背くことは罪です。しかし背いて後、神を避けることはさらに大きな罪であり、神の提供する「着物」を拒否することは最も大きな罪です。神の恵みの決定に従い、「着物」を受けるアダムとエバ。罪人として、しかし神の承認のもとに、「慰められた絶望」（ルター）の中に出発するアダムとエバ。きよくあることでなく服従することを求めたアダムとエバ。罪に破れた心と身を神自らにおおわれて、彼と彼女はエデンを離れました。かくてエデンは人間の起点であり、終点となり、歴史の始源とともに目標となりました。楽園の記憶と希望を担って人間は、エデンから、エデンに向かって生きる者となったのです。

イエスの眼——確信の根拠——

福音書のイエスをめぐる人物の中で特に私の心をとらえて離さないものはペトロです。彼はヨハネ、ヤコブとともに十二弟子中の特にイエスに近いグループの一人でした。彼はしばしば弟子団を代表して発言し、行為しています。そのように重要な彼の占める位置とは反対に、彼の人柄を考えてみると、いろいろと甚だいただけないものがあります。彼は漁師にとって命ともされる網を投げうってイエスに従いましたが、それは彼の理想のためでした。イエスを通して自分の理想を実現しようとするのが彼の決断の動機でした。したがってフィリポ・カイサリアへの途上でイエスを「汝はキリスト、生ける神の子なり」と告白したとしても、直ちにその直後、受難を覚悟するイエスをいさめはじめ、自らイエスを理解していないことを暴露してしまいました。「サタンよ、退け」とはペトロに対するイエスの言葉でした。しかもなおペトロは「確信」に満ちて、イエスと共に歩み続け、山上でイエスの姿の白く輝く不思議な出来事に興奮して、モーセとエリヤとともにイエスのために山上に小屋をたてようなどと、たわごとを吐きました。彼こそは熱しやすく、冷めやすい、「オッチョコチョイ」型の人間です。復活のイエスに出会ったときも、上衣を「着て」水に飛び込み、後日パウロによって、ユダヤ教的な習慣から脱却できない優柔不断をきびしく指弾されるなど、使徒の代表としてはまことにふさわしくありません。あわれでさえある風体です。

しかし、このようなペトロが福音書の中心人物になっているという事実に、私は福音の「福音」たることを覚えずにはおれません。ペトロはイエスが捕らえられる前、「死にいたるまでも汝と共に行かん」と叫びました。これもペトロの「確信」でした。愛する師と最後を共にするのだ、という決意はイエスへの忠誠は真実なものだ、という彼の「確信」に基づいていました。ところが次の瞬間、彼は三度イエスを否みました。捕らえられ引かれていくイエスを彼は遠くから意気地なくも眺めながら、コソコソと人影に隠れてついて行きました。そして追求されてイエスを否みました。「われはその人を知らず」と。そしてあの鶏が鳴きました。「主は振り向いてペトロを見つめられた」（ルカ二二・六一）。このイエスの眼は何を語っていたのでしょうか。ガリラヤ湖畔から出発したペトロの新しい人生の一つひとつの出来事を追憶しているイエスの眼です。ペトロの数々の失敗、名利を求める心、そして何よりもペトロのもちつづけていた理想と「確信」、それらのいっさいが崩壊した今、痛恨の思いをもってイエスを見返しているペトロの敗残の姿、これをことごとくイエスはそのまなざしの中に収めています。「どの面下げてイエスの前に立つのか」。自責と敗北感がペトロを締めつけた。彼が裏切ることを預言したイエスの言《ことば》を思い起こしていたたまれず、ペトロは「外へ出て、激しく泣いた」（ルカ二二・六二）。

このイエスの眼を知るものは、すべて、またペトロの涙へと導かれざるをえません。しかし唯、痛悔の涙だけでは問題は解決しない。ペトロの見たイエスの眼にはもう一つの言《ことば》が輝いていた。「わたしはあなたの信仰がなくならないように、あなたのために祈った。それで、あなたが立ち直ったときには、兄弟たちを力づけてやりなさい」（ルカ二二・三二）。

この言《ことば》はペトロが「イエスを知らず」という前にすでに語られていた言《ことば》です。イエスはすべてを承知していました。ペトロのすべてを認め、ゆるし、その立ち直りの後のことまですでに配慮されていたのです。ペトロの「確信」が崩れたのもこのイエスの眼によってであり、ペトロの新しい「確信」が立てられたのもこのイエスのまなざしによってでした。ペトロは「行きたくない所へ連れて」行かれ（ヨハネ二一・一八）、さかさまに十字架につけられて死にました。しかしペトロは「確信」を得て死にました。そしてそれはイエスの慈しみのまなざしのもとにはじまった新しい生命でありました。

山上の選び——ルカによる福音書六章一二—一九節——

㈠　石川啄木の歌には岩手の山々を恋い慕う句の多いことはよく知られています。「汽車の窓　はるかに北にふるさとの山見え来れば　襟を正すも」とうたい、また「ふるさとの山に向いて　言うことなし　ふるさとの山はありがたきかな」とうたっています。啄木の生涯をものの書物などで知るに及んでいよいよ彼の魂がいかに深くふるさとの山に結びついているかを知ります。「かにかくに渋民村は恋しかり　おもいでの山　おもいでの川」。

山は人生において多くの意味をもつゆえに、山の味を知る人は人生の奥義にふれているといってもよいでしょう。イエスの生涯にとっても山は重要な意味をもっていました。山はサタンの誘惑の場所であり、神の国の説教の場所であり、天よりの声を聞いた変貌の場所であり、血の汗の祈りの場所であり、また勝利の昇天の場所でもあります。このように山はイエスの生涯の決定的な時期を画する場所でした。旧約にもモーセの十戒授与、エリヤのバール神との闘いなど、山は大切な場所です。ただ、聖書における山が普通の意味と異なるのは、そこで神の業が、救いの歴史が進展するところであるということです。それは単なる思い出、親しい者たちのようにやさしい故郷のフトコロのごときものではなく、きびしい決断と闘いの場所であります。

(二)　ところでルカ六章一二節以下においてイエスは何のために山に登られたのでしょうか。第一にそれは祈るためでした。この「山」には定冠詞がついています。それはイエスがいつも登る「あの山」という意味です。イエスは常々祈りのために山に登られました。「夜を徹して」祈られました。簡単な説明ですが、しかしこの一句の中にどんな深い心がこめられていることでしょうか。私たちは夜通しのマージャンや夜通しのおしゃべりや、夜通しの仕事などをよくやります。そして翌日にはバテて、疲れて、鞭うたれるようにまた仕事に出かけます。しかし独り祈ることの何と少ないことでしょうか。仏教で入山という語があります。町の中にお寺があっても門は「山門」と書いてあります。それは本来宗教は独りから出発するものということではないのでしょうか。山は人を独りにします。独りの思索と祈りが、深い信仰の人を造ります。多忙の中に、信仰はますます不毛化しています。考えること少なく、マスコミによって押しこまれる思想で生きている今日です。

しかし、イエスは単に独りの祈りに精進されたということではありません。その祈りは世の救い、人の救いのための祈りです。この世の救いのためにイエスは何を求められているのでしょうか。取税人や遊女や罪人や病者を愛し抜くイエスは、他方ユダヤ人指導者から捨てられ、殺されようとします。イエスの死期も遠くありません。このような時に、イエスの祈りの内容は何であったでしょうか。もちろんそれはわれわれの知ることのできないことですが、その結論はわかるような気がします。それは使徒を選ぼう、ということでした。

㈢　イエスは山上で十二使徒を選ばれました。これが彼の山に登った第二の目的です。六章一二節から九章五〇節はイエスの弟子たちの活動が舞台の中心です。十二という数は意味深いものです。旧《ふる》いイスラエルの十二部族に因んだ新しい十二のかしらでしょう。それは教会の基であり（エフェソ二・二〇）、旧《ふる》いイスラエルの成就であります（Ⅰペトロ二・九）。つまりイエスは徹夜の祈りによっていわば教会の基をここにすえたのです。彼らはさまざまな個性をもった人間でした。ある意味でガラクタの集まりでした。愚かなもの、弱いもの、無に等しいものです。しかし、これが教会の原形なのです（Ⅰコリント一・二六―三一）。この箇所でパウロが「………選び、」というとき、この山上のイエスの「選び」と同じ文字です。それは恵みによって特別なはからいによって、敢えて資格もとりえもないにもかかわらず、「選ぶ」ということです。背が高いから甲種合格、近眼だから丙種だ、といった馬市みたいな選択とはちがいます。教会はこういう恵みによって選ばれた人々が原形となっている集まりです。気の合った者同士が勝手なことをやっている、というのとはわけが違います。自分の罪に絶望的にとらわれている者が、そのためにとりなしの祈りをなしたもうキリストを信じて、感謝をもって一つに集められているのです。ありがたきキリストが中心です。

　ところで、選ばれたということは、イエスのそばにいつものほほんとしていることを意味しません。それは遣わされるための選びです（九・一―二）。使徒という語は、他の人の名代で「つかわされたもの」ということです。弟子は真の弟子たるためには使徒でなければなりません。イエスのもとにいるだけでなく、イエスのためにイエスをはなれるとき、逆に真にイエスのものとなるのです。弟子から使徒になるという変化は大きい。遣わされてこそ、はじめてイエスと共にあるのです（ルカ一〇・一六）。

㈣　第三にイエスは山を下るために山に上りました。あたりまえのようなことですが、イエス自身神から遣わされた者として、世に遣わされるのです（ルカ四・四三）。信仰に入ること、イエスを信ずることは、山の上の気持ちのいい所で神々しい気持ちにひたっていることではありません。それは現世を前提としています。山の上は逃げ場ではない新しい出発点です。イエス自ら先頭に立って救いを求める者、霊肉のなやみに打ちひしがれている者の中へ入って行かれます。これが教会の姿です。この世から逃げ出すのでなく、そこへ帰って行くのです。神の前に独り立つとともに隣人のためにその傍らに立つのです。信仰とは決してキレイごとではありません。

　ボンヘッファーは第二次世界大戦中ナチに抵抗して遂に殺された神学者です。かつてアメリカに留学中、そこに留まれば生活も学問も楽々と続けられるのに、ナチの暴力の吹き荒れるドイツに帰って行きました。「今手を汚さなければ、後で平和を真に喜ぶ仲間には入れない」というのです。彼の書いた『抵抗と信従』という書物には「教会は他者のために存在する時にのみ教会である」といっています。イエスに従うということは、りっぱな宗教心をもつことではありません。端的に隣人のために生きたイエスの心を心として生き、イエスと共に山を下ることです。イエスと共に平地に立つことです。われわれの教会は下町にありながら依然として山の上の気分だけで終わっていないでしょうか。集まる一人ひとりは山に上るつもりで来ているものさえ少ないのではないでしょうか。イエスに遣わされて、山を下り、職場や家庭におもむくつもりでいるでしょうか。天理教では本山参りをすると、「お帰りなさい」と迎えられるそうです。われわれはイエスのみそばに帰り、さらにみそばから遣わされているでしょうか。勇気も望みもなく、ただ上ったから下るのだ、という調子で、教会の外へ一歩出ると異なった論理が働いているのではないでしょうか。

㈤　山を下ってみたら問題だらけです。手に負えない病人や汚れた霊につかれた者が待ちかまえています。何をどうやってよいか、道さえもわかりません。沙漠のような心の寒くなる現実しかないかもしれません。そこでまた山上に逃げようとするのでしょうか。手っとり早く気晴らしできるような安易な解決を求めて群衆は群がります。しかし道がないのではありません。道がないのは造ろうとしないからではないでしょうか。魯迅の「故郷」の中に「思うに希望とは、もともとあるものだともいえぬし、ないものだともいえない。それは地上の道のようなものである。もともと地上には道はない。歩く人が多くなれば、それが道になるのだ」という言葉があります。できあがった道だけ歩くのなら、新しい道はできません。誰かが思いきって道のない、茨ばかりの原っぱを突っ切ってみる冒険が必要なのです。道があるから歩く、でなく、歩いて道をつくるのです。「僕の前に道はない。僕の後ろに道は出来る」（高村光太郎）。誰かが歩かねばなりません。そしてこの時こそ私たちを遣わす方が言われる。「われは道なりと」。

最後までの愛――ヨハネによる福音書一九章一―二〇節――

一　最後までの愛

ヨハネによる福音書一三章一節から二〇節までは普通教会暦で洗足の木曜日といわれている日の出来事です。イエスの洗足の記事はヨハネ福音書にのみ置かれていますが、その代わり共観福音書における主の晩餐制定の記事はヨハネにはありません。といってもヨハネは聖餐を軽んじているわけではなく（六・五三以下）、その意義を受肉の事実全体にわたってみとめ特定の時点に限ることをしなかったからだといわれています（バレット）。また、この夕食の日が過越の祭の前日であったか（共観福音書）過越の日そのものであったかはここでは重要な問題ではありません。要はイエスが「世の罪を除く神の小羊」（一・二九）として終始し、今やその使命の成就にさしかかっているということです。

その「世の罪を除く」ためにイエスのなしたもうたことは、「世にいる自分の者たちを愛」された（一三・一）ことです。「自分の者たち」とは、彼らは世からは区別されたもの（一五・一九）であり、イエスに属するものとして、イエスによってこの世に遣わされる使徒（一七・一八）であります。この「自分の者たち」を選ばれたのは、この世をさばくためでなく、この世が救われるために働きたもう神御自身の意思でありました（三・一七）。

イエスは「彼らを最後まで愛し通された」とあります。この「最後まで」という語には二とおりの意味があるようです。その一つは時間的に「最後の瞬間に至るまで」という意で、その二は、内容的に「極限に至るまで完全に」という意味です（バレット、マグレガー、略解）。要するに「とことんまで」愛された、ということです。

話が横道に入りますが、武者小路実篤の随筆集の中に「女の将来を考えない恋愛は単なるセックスだ」という言葉がありましたが、今日考えさせられることです。いったい愛するということは相手に対して責任を負うということではないでしょうか。パウロが愛は「すべてを耐える」（Iコリント一三・七）というとき、それは責任を負うということを意味しているのではないでしょうか。

イエスはその選ばれた「自分の者」に対してとことんまで責任を負ってくださるのです。この世を去る最後の時期には誰しも自分のことに集中せざるをえないはずです。己れの生前死後を思って暗然とならない人は少ないものです。かつて矢内原忠雄氏が臨終の床で、永遠の生命についてまだまだ確信をもてないと言って落涙されたと聞いたとき、人の子としてまさにさもありなん、さればこそキリストの恵みをこそたたえるべきだ、と思ったことでした。しかしキリストは、まさに「自分の時」（最後の時）を知る時にこそ、その選ばれた者に対してとことんまで愛を貫き、責任を負ってくださるのです。

キリストはこの選ばれた者たちが「世にいる」者たちであることを決して忘れてはおられません。彼らのいる所は光よりも闇を愛し（三・一九）、理由なしに憎み（一五・二五）、彼らを迫害し（一五・二〇）、なやみの重なる（一六・三三）この「世」なのです。しかしイエスは「自分の者たち」を「捨てて孤児とはしない」（一四・一八）と約束されるのみならず「助け主」（一四・一六）を送ってまで彼らに責任をとるといわれるのです。イエスは真に「最後まで」「自分の者たち」を愛しとおされるのです。

二　洗足

イエスの「最後までの愛」は、イエスが弟子たちの足を洗うというところにまで具体化します。イエスはまず「上着を脱ぎ、手ぬぐいをとって腰に巻」かれます。これは奴隷の姿にほかなりません。かくてイエスは弟子たちの足を洗いはじめられました。ユダヤ教のラビたちの教えによると、ユダヤ人としてさえ生まれたなら奴隷でさえこんないやしい行為をする義務はなかったそうです（ホスキンス）。ましてや「教師、また主」と呼ばれている（一三・一三）イエスが、ユダヤ人奴隷でさえしない行為をするとはどういうことでしょうか。ペトロがたまげて、「主よ、あなたがわたしの……」と叫んだのは当然です。原文では「スー（あなたが）・ムー（私の）」と強い驚きが表現されています。ここでは普通の師弟関係、主従関係はイエスの不思議な象徴的行為によって転倒されてしまいました（バレット）。

いったいイエスの象徴的行為は何を意味するのでしょうか。ある人は道徳的謙虚を教えたものだといい、ある人は洗礼と聖餐を暗示する象徴的行為だといい、またある人は神の意思に対するイエスの死にいたるまでの徹底した服従と謙遜を示す行為だといいます（ホスキンス）。ある人はルカによる福音書二二章二一節から三〇節までの神の国における優位を争った弟子たちの記事と関連させて、イエスは弟子たちに謙遜の「手本を示した」（一三・一五）と解する人もいます（マクレガー）。

どれもみな、もっともな意見です。しかしイエスの洗足はまず何よりも「最後まで」愛したもうイエスの愛から理解すべきでしょう。イエスは「自分の者たち」を「最後まで」愛するゆえに、彼らの僕となり彼らに仕え、彼らの汚れを清め、彼らの罪をゆるし彼らへの愛を完成されるのです。ある人は、「わたしたちが洗足を第一に、ピリピ二章七節以下から理解しなければならぬことは確かである。彼は僕のかたちをとり……己をむなしうした」（バルト『イスカリオテのユダ』）と言っています。この愛は、洗足は、したがって十字架と復活を予想しています。ですから、ペトロの驚きに答えてイエスは「わたしのしていることは今あなたにはわからないが、後でわかるようになるだろう」と言われます。

メシアが十字架に死ぬとは考えられなかったペトロたちだったからです。ペトロには不可解なイエスの洗足をイエスが「主」であるゆえに彼は拒否しようとしました。しかし、それはイエスを真の意味で「主」とすることにならないのみならず、かえって自分を「主」とすることであり、ひいてはイエスと「何のかかわりもなくなる」ことなのです。つまりイエスとの交わりは、イエスによって足が洗われ、罪がゆるされることを抜きにしては成り立たないからです。「主」に仕えていただくという形でしか、人は「主」に仕えることはできないのです。キリストに愛されるという形でしかキリストを愛することはできないのです。それゆえ「わたしの足を決して洗わないでください」と師への礼のつもりで言ったペトロの言葉はかえってイエスに対する彼の無知と誤解を示す以外のものではなかったのです。

かくてイエスをまだ正しく理解していないペトロは、きびしいイエスの言葉にあって、あたかも洗われた部分の量に従ってイエスとの交わりが密になるとでも思ったのか「手も頭も」と申し出ます。これに対するイエスの答えは本文上にいろいろ問題があるようです。ある有力な本文には「足のほかは」という句が欠除しているのでさまざまな解釈が生まれるわけです（バレット、ホスキンス）。つまり「足のほかは洗う必要がない」（足は汚れている）という句と「全身がきれいなのだから」という句が矛盾するのです。私たちはこの二つの句を適当に妥協させることはしないでおきましょう。ただ、大切なことは、イエスの洗足はイエスが愛のゆえに人間の最も汚れたところに手をふれ、これを清められることを意味していることを忘れぬようにしたいと思います。

イエスはその愛のゆえに僕となって人間のどん底にまで下られた主であります（バルト）。愛とは相手に責任をもつことだ、と申しましたが、愛とはまた、相手の立場にまでなり距離を超えて同時同所的になることではないでしょうか。

たしか小学校四年生ころのことでしょうか、初めて芥川龍之介の『蜘蛛の糸』という小説を読んで子ども心ながらいいようのない暗いショックを受けたことを忘れることができません。これはあまりにも有名なので詳言する必要もないのですが、つまりこの世でありとあらゆる悪業を重ねて、地獄に落ちた犍陀多《かんだた》という男を、生前の唯一の善行（林の中でくもをふみ殺さず見逃しゃったという）のゆえに釈迦が極楽の池の蓮の葉に糸をかけていたくもの糸を地獄にまでたらして、救い上げようとするのです。己が功徳のくもの糸に夢中でしがみついて上り始めたものの、途中一休みした時、自分の後を蟻の行列のごとく上ってくる仲間たちを見て「この糸は俺のものだ」と思わず叫んだ瞬間、糸は犍陀多のつかまっていたところから切れて、彼はもとの闇の空間の中を地獄の血の池に向かって落下していきました。釈迦は一部始終を見ながら、犍陀多の「業」の深さを嘆きつつ去っていった、というのです。これを読んだ夜、私は真暗な天空を眼をむき手をひろげて大声に叫びつつ真っ逆様に落下する犍陀多を夢に見て激しくうなされました。明け方近くまでマンジリともせずに考えたことは「御釈迦様でも救えない人間というものがいるのだろうか。人間は誰によって本当に救われるのだろう」ということでした。長ずるに及んでこれは私自身の根本的な救いの問題になってしまいました。

私たちがそれぞれの人生において問わざるをえないギリギリの最後の、そして実は最初の問いは「私はどうしたら救われるか」ということではなく、「誰が私を救ってくれるのか」ということではないでしょうか（ローマ七・二四）。自分の力ではなんとしても救われないこの私のどん底まで降って来てくださるのは、あきらめをとく釈迦ではなく、私の汚れた足を手ずから洗ってくださるイエスのほかにありません。しかもそのイエスは「あなたがたはきれいなのだ」と言われ、さらに「あなたがたは私が語った言葉によってすでにきよくされている」（一五・三）と言ってくださいます。「すでにきよくされている」とはまったく信じて受けるほかない恵みの言葉ではないでしょうか。

三　イスカリオテのユダ

しかし私たちは、今までわざとふれないでいたことをどうしても語らざるをえなくなりました。イエスは「みんながきれいなのではない」と言われています。これは明らかにイスカリオテのユダをさしていわれている言葉です。ユダに対してイエスを裏切るように悪魔が働きかけたのは、イエスがユダを含めて「自分の者たち」を「最後まで愛し通された」ときであり、足を洗う夕食の場であったのです。イエスがユダについて言った言葉はどういう意味をもつのでしょうか。イエスを売った後、首をつって死んだ（マタイ二七・五）ことや、腹がさけてはらわたが流れ出た（使徒一・一八）という恐しい描写などは、ユダが神からまったく捨てられたことを意味するのでしょうか。端的にいってユダは滅ぼされたのか。さらにいえばイエスのあの「最後までの愛」は遂にユダには及ばなかったのでしょうか。

イエスが父に祈られたとき、「ただ滅びの子だけが滅びました」（一七・一二）という言葉はユダについて述べているものでしょう。しかしまた、「父よ。彼らをおゆるしください。彼らは何をしているのか、わからずにいるのです」（ルカ二三・三四）という祈りはユダの罪をも掩《おお》うものでなかったでしょうか。私たちはここでユダの救いの結論について断定することはできません。「この問いは私たちが提出したような形では、むしろ答えぬままにおいておく方がよいに違いない。むしろ私たち自身、ここでまず、未解決のコントラストの前に立ちつづけるべきである」（バルト）。ただしかし確かなことは彼もまたイエスに選ばれ、イエスの使命に否定的ながら参加しているということです。イエスは「父がすべてのものを自分の手にお与えになったこと」（一三・三）を知っていましたし、その「すべてのもの」の中にはもちろん、ユダも含まれているのです。したがって、ユダの最後について私たちはこれを神の御手に委ねるほかはありません。ただ、ユダはやはり神の選びの意思のもとにあったこと、神の秩序の外にあるのではないことがいえるのみですし、そしてそれで私たちにとっては充分なのです。「一方ではイエスがユダのために（für）立っておられ、他方ではユダがイエスに逆って（gegen）立っている」（バルト）。この「ために」と「逆って」は、しかし今日なお完結した円環のごときものにはなっていないのです。

そしてよく考えてみるならば、ユダもペトロも恵みに逆らうという同じ可能性をもっているはずなのです。否、私たち各々がユダと同じ可能性の中にイエスとかかわっているのではないでしょうか。ユダへの道はくり返し新しく与えられるあの「最後までの愛」の呼びかけに応えていくことによって克服されるほかはないのです。

十二世紀中頃のフランスのサン・ネクテール教会の柱頭彫刻に「キリスト、ユダ、大祭司の僕」というのがあります。右後からイエスに接吻しているユダと、耳を切り落された大祭司の僕（切り落したのはペトロ――ヨハネ一八・一〇）の耳に手をあてて医しているイエスの姿が印象的です。ユダの裏切りの接吻を甘受し、ペトロの失敗のつぐないをしているイエスの姿です。ユダもペトロもイエスの「最後までの愛」の中で、イエスを理解しないままに勝手なことをやっているのです。しかしそれを耐えておられるイエスの面影は不思議に明るいのです。愛は責任を負うことであり、同時同所に立つことであると申しましたが、それはまた尽きないユーモアではないでしょうか。

「自分の者たちを愛して、彼らを最後まで愛し通された」イエスは、「わたしの愛のうちにいなさい」（一五・九）と言われます。それは私たちを「自分の者たち」として呼びかけておられるのです。この呼びかけられたものは直ちにこの「世」の救われるために「つかわされている」ものであることを忘れてはなりません。私たちは「僕となりたもうた主」の愛のうちにあるものとしてこの世に仕えるために遣わされているのです。

「わたしがあなたがたにしたことがわかるか。あなたがたはわたしを教師、または主と呼んでいる。そう言うのは正しい。わたしはそのとおりである」（一三・一二、一三）。

この最後の者にも

「……わたしは、この最後の者にもあなたと同様に払ってやりたいのだ」（マタイ二〇・一四）。

マタイによる福音書二〇章一―一六節は天国のたとえ話の一つですが、これはイエスがエルサレムに入城される前の最後のたとえであり、その意味で彼の十字架がいよいよ深く影をおとすたとえでもあります。

ぶどう園の主人は一日一デナリオンの約束で、五とおりに人を雇い入れました。われわれの問題は、夕暮れ五時に雇われた「最後の者」です。五時という時間は一日が終わる一時間前です。ユダヤでは夕方六時から新しい日が始まるからです。この時になって仕事にありつくことはまずありえないし、あったところでどれだけの賃金を得ることができましょう。働くだけばかをみます。その日の生活にはまったくあきらめをつけた時刻です。ここに立っていてもしょうがないし、といって行く所もない。石川啄木の歌に「路傍《みちばた》に犬ながながと呿呻《あくび》しぬ　われも真似しぬ　うらやましさに」とあります。犬になりたい、人間をやめたい、と思うときです。

ところがこの労務者に驚くべきことが起こりました。雇い主が現れて、ぶどう園へ行って働け、というのです。雇い主が来てくれたということが救いなのです。それ以外のすべてはもはやどうでもよいことです。日雇いの寄り場で幅をきかすのは、あつかましい要領のよい人、顔の売れている人、からだのいい人です。気の弱いおろおろしている者はどんどんおいてきぼりです。そのうちに九時になり十二時にでもなれば、公園のベンチで上着を頭からかぶって寝るほかありません。しかし、今この人には雇い主が現れたのです。きょうの自分を引き受けて責任をもって、働ける場所を与えてくれることがうれしいのです。

彼は夢中で働きました。ただ雇われたことの喜びのゆえに働いたのです。そして勘定のときがきました。しかし主人は実に不合理な支払いをするのです。早くから働いた者をあとに回わし、おそくから働いた者から先に支払います。それだけでも気短な労務者はぶつぶつ言います。おまけに一律に一デナリオンを払っています。ついに不満は爆発しました。不当だ。超勤手当か報償金をよこせ。ばかにするな。しかし主人は言います。「友よ、わたしは……不正をしてはいない。……自分の賃銀をもらって行きなさい」（一三、一四）と。

天国とはかかる世界です。人間のそろばんでは割り切れない世界です。それは愛の世界だから。愛は割り切れないからこそ愛なのです。ここでは人間の合理性、打算、理屈などが根本的にくつがえされています。神の自由な愛の支配する所、天国とはこのようなものです。

このたとえから二つのことを学びたいと思います。

(1)ぶどう園で働くことは私たちの人生の歩みを意味するでしょう。それは雇い主との約束に生きることです。雇い主にめぐり合わぬ人は人生という船に乗れません。その雇い主はキリストです。キリストに雇われているのです。それだけで私たちは十分なのである。ぶどう園はどこにでもあります。家庭、職場、学校、教会……。それぞれの場所でキリストを雇い主として仕事をします。だれがなんと言おうと、私の雇い主はキリストなのです。ここに私たちの自由があります。雇い主だけを信頼し、その期待に応えるならば、その他はどうでもよいことではないのでしょうか。おもしろくないことがあっても、キリストに雇われてさえいれば、なんとかなるのだ。

(2)しかし、私たちはキリストに雇われた「最後の者」（一四）です。私たちは自分の人生のすべてをその雇い主にまかせて一所懸命働きたいと願いつつも、なかなかその雇い主に出会わないのです。初めから運よく雇われるということはまずありえません。迷いに迷い、捜しに捜したすえ、もうあきらめてただ立つとき、そのときはもう人生の「五時」、たそがれどきであるかもしれない。「路傍の切石の上に腕拱《く》みて　空を見上ぐる男ありたり」（啄木）。しかしキリストという雇い主が私を雇ってくださった。

それだけでうれしいのに、人生の落伍者にならずにすんだだけでなく、まっ先に、それも一デナリオンを与えてくださった。「この最後の者にも」等しく報いてくださったのです。思いがけないことです。「最後の者」とは原語で「エスカトス」であり、「最も遅い」「最も遠い」「最も低い」などの意味があります。私たちの人生の歩みはのろのろ、ぐずぐずで、歩みの最も遅い者です。キリストから最も遠く、人間として最底です。しかし、それでもやっぱりキリストはデナリオン一つを確実にくださったのです。人の思いを超えた神の恵みです。

このことはしかし「苦もなく」当然としてなされたことではありません。この「最後の者」に支払うために、キリストはエルサレムへ上ったのです（一七以下）。このたとえを語ったかたは十字架上に死にました。その苦しみを通して、この「最後の者」、「最低」の私に一デナリオンの命をくださったのだ。キリストによって私は自分の人生を取り戻しました。キリストがあがなってくださったからです。十字架がある以上、もう私たちは人間をやめたいだの、犬になりたいだのという必要はありません。人間であってよいのです。罪人として生きてよいのです。罪人としてしか、私たちはキリストに雇われる道をほかにもたないのだから。

一週一言――桜本教会週報より精選――

一週一言――序――

私は文章を書くことが嫌いなのです。第一めんどうくさいし、一度書いてしまうと、ひっこめることができません。おまけに文が下手なのでますます書くのが億劫なのです。そういう私が「一週一言」という欄を自ら設けて雑文を書くつもりになったのは、私たちの小さな群れからもぼつぼつ地方に出ていく人がふえてきたからです。現在の週報は地方にいる方々に送っても読むところがありません。バスの切符をもらったようなものです。何とも味わいがない。そこで何とかもう少し楽しいものにしよう、というのが動機です。みんなで豊かな内容にするために良い考えがあれば、どしどしもってきてほしいものです。

ところでこの欄を書く人が、書くことの嫌いで下手な人なのだから、どこまで続くか保証の限りではありません。はたして書くことが良いのか悪いのかもわかりませんが、とにかく始めてみます。ここに書くことは、私がバスや電車の中で（道を考えながら歩けない時代になったものだから）ふと感じたことや、厠《かわや》で廃物を押し出している時にひらめいたことや、食卓台《ちゃぶだい》で白菜の漬物をぱくついている時に浮かんだことどもです。そんなことを教会の週報にする奴があるか、とお叱りになる向きもあるかもしれません。それも一つの考えですから、どうぞ原稿にしてください。

ところで先日、川崎・鶴見地区の牧師の会があって向河原教会に出かけました。席上、溝ノ口教会の中村繁次牧師の説教（録音テープにて聞く）で、天理教の本山で大会があって全国から信徒が集まって来るとき、奈良の天理市の信徒は、「お帰んなさいまし」と言うのだ、と聞きました。本山が、教会が生活の中心であり、ふるさとなのだそうです。ゆかしいことではありませんか。教会形成ということは、世の中に遣わされているという自覚に基づかねばうそです。

私たちの教会もお互いに、「お帰んなさいまし」と言えるようになりたいものです。

二重唱のごとく

先日、私の卒業したシカゴのマコーミック神学校から学校新聞が送られてきました。なつかしい先生たちの近況とともに、ズールデーグ先生の死が報ぜられていました。ズールデーグ先生は私がアメリカ留学中に最も深い感化を与えられた先生の中の一人です。先生はオランダから来た宗教哲学の教授でしたが、私は今もってもったいないほど、先生に親しく指導された経験を忘れることができません。入学して間もないころ、まだたどたどしい英語で、話しに来いと言われるままにお宅に出かけていって、自分の勉強の目標や先生の著書について話したことがあります。先生はニコニコしながら一つひとつうなずいて私の語ることを聞いてくださいました。途中から「その問題はこうだ、ああだ」と決して結論を持ち出されません。私が私の結論をすっかり言い終わるまで、「ウン、ウン」と大きなパイプに煙草を何度も詰めかえながら聞いてくださいました。だいたいアメリカ人というのは気短かでせっかちです。私がオランダ人の先生に私自身をこうして理解してもらったことはまったく幸いでした。その後の勉強の生活の上にこれがどれだけ大きなプラスになったかしれません。私のことがわかっていただけたということ、これだけで勉強への意欲も自信も湧いてきたのです。英語はまだ弱くとも自分のペースでやっていこうという気になれたのです。先生はいわば私のうたう歌に合わせて、私と一緒に二重唱《デュエット》をうたってくださったようなものだと思っています。ありがたい先生でした。

人間はどれだけ親切にしてもらっても、自分が理解されていないならば不満なのです。アメリカがあれだけよその国に援助を与えていながら、かえってあまり良くいわれないのはその国を理解することに欠けているのではないでしょうか。その国が本当には何を欲しているかがわかったなら、むやみと物量だけを送り込むのが親切ではないとわかるはずです。話が横道にそれましたが、相手を理解すること、相手の歌に合わせてうたうこと、これが愛というものでしょう。私はズールデーグ先生の中に学問へのきびしさとともに導師の愛を見るのです。

この先生に最後に会ったのは一九六三年八月末、帰国する直前でした。肝臓がんで死の近いことを充分に知り抜いている先生はやせた体で熱っぽい手で握手してくださいましたが、その眼には不思議に不安もなく、かつてと同じ慈愛の光が静かに輝いていました。帰途、夫人に送っていただきましたが、そのとき、「主人は私に睡眠を充分とらせるように、夜中の痛みを防ぐため、嫌いなモルヒネ注射を毎晩寝る前に私にうたせるのですよ」と言われた。死期を間近かにして、煩悩の炎の耐え難いはずの時に先生は夫人の健康を思う人でありました。ここでも相手の歌に合わせてうたう人であった先生です。たどたどしい弱い歌声にはそれに合わせてやさしく、強いバリトンにはそれにふさわしい響きをもってうたう先生でした。いずれにしても相手の歌をより美しく、より完全なものとするための二重唱でした。今は亡きありがたい先生でありました。

「キリスト・イエスにあっていだいているのと同じ思いを、あなたがたの間でも互いに生かしなさい」（ピリピ二・五）。

まっすぐに見る

私の父方の祖母は名をお光《みつ》といいましたが、土佐の表具師の娘で婿をとって四男一女を産みました。なかなかのしっかり者で夫が早く死んだ後、女手ひとつで家を守りとおしました。末子の叔父の語るところによると、祖母は客から貰った僅かの菓子を兄弟で奪い合っているありさまを嘆いて、黙って菓子屋で、盆に一杯まんじゅうを買ってきて子どもたちを並べておき、「喰え！　餓鬼ども！」と怒鳴りつけて、まんじゅうを前に据えました。私の父をはじめ一同はそのものすごい剣幕に蒼くなってふるえあがり、菓子には手も出なかったそうです。夫を早く失った母が、涙を浮かべながら父なき子らを諭す言葉は胸中に焼きついて、彼らが孫を持つころになっても、なお忘れられないとのことでした。

このお光ばあさんを私が知ったのは、大阪の吹田にいて小学校二年で私が母を失ったころです。そのころ、すっかりやさしくなっていた祖母があるとき私に妙なことを聞きました。火鉢の箸を取り上げていわく「曲がっちょるものをまっすぐに見るにゃどうすりゃよいぞね」と。子どもの私は考え込んでしまいました。曲がっているものは曲がっているのだから、まっすぐにはどうしても見えません。いろいろと答えてみても、「なんの、なんの」と首を振るばかりで受けつけません。業を煮やした私はとうとう「そんならどうしたら曲がってるものがまっすぐに見えるんや」と、かぶとを脱いでしまった。祖母はニコニコ笑いながら「まっすぐに見ればええのじゃ」と言う。「そんなことができるかい、おばあさんずるいずるい」とかなんとか言ってその時はわからないままにうやむやのうちに過ぎてしまいました。その後十数年、私はふとこのことを思い出して、祖母の言う意味がわかったとき、私は心に大きなショックを受けました。まことに「曲がっているもの」を「曲がっているもの」として「まっすぐ」見ることが「まっすぐ見る」ということなのである。「曲がっているもの」をあたかも「まっすぐ」であるかのごとくに見るならば、それは「まっすぐ見る」ことをしないで「曲げて」見ていることである。そこに嘘が始まる。「おばあさんはやっぱりえらい。おばあさんは正しかった」と気がついて、頭を下げようと思ったとき、すでに祖母はこの世の人ではありませんでした。

　先日、故矢内原忠雄氏の『私の歩んで来た道』という東大総長を停年退職するにあたってまとめられた随想集を読みました。一九三七年十二月に平和主義の主張が軍部に喜ばれず、遂に罷免《ひめん》されて以来八年間、折から大平洋戦争に突入していく日本のために聖書講義の個人雑誌「嘉信」を通してひたすらとりなしの祈りを続けた氏は、本当に日本を愛するがゆえに「曲がった日本」を「まっすぐ」に見た人であったと思います。だからこそ、国の政治責任者に彼は苦いことも言ったし、平和こそ日本の進むべき道と主張してやみませんでした。「まっすぐに見る」精神、これを氏はどこから得ていたでしょうか。いうまでもなく聖書の信仰に生きた人々、特にエレミヤとパウロからでした。私たちの経験する毎日の生活の中でも、お互いが「まっすぐに」見合っていないところからどんなに多くのゴタゴタが起こっていることでしょうか。キリストの福音はこの世へのさばきです。神はキリストにおいてこの世をさばかれました。しかしそのさばきは救いへといたらせるさばきです。救われるためにはさばかれねばなりません。キリストは「曲がっている」人を「まっすぐな」人とは見たまいません。キリストは人を「曲げて見る」ことはなさりません。「曲がっている」人を「曲がっている」人として見たまいます。キリストは「まっすぐに見る」方です。しかし、私は「曲がっている」私に絶望しません。キリストが「まっすぐに」私を「曲がったもの」として見てくださるから私は安心しています。この「曲がった」私が「まっすぐな」私と見誤られるとしたら、私は居ても立ってもいたたまれません。キリストが私を「まっすぐに」見ておられるから、私も私を「まっすぐに」見ようと思います。隣人をも社会をも

「まっすぐに」見ようと思います。そして、キリストの愛によって「まっすぐに」なろうと思うのです。「わたしは光としてこの世にきた。それはわたしを信じる者が、闇のうちにとどまらないようになるためである」（ヨハネ一二・四六）。

人間のねうち

私が留学から帰って三週間ほどたったころ、アメリカ・フロリダ州に留学していたある大学の先生が飛行機の中で自殺をした、という記事が新聞に出ました。原因はよくわかりませんが、たぶん卒業論文が期限までに完成できなかったこと、英語でする勉強に行き詰まりを感じたことなどのようです。私自身も同じような生活を経験したので、何かひとしお身につまされる思いがしました。日本ではまだ「留学」などというと、勝って来るぞと勇ましく、というような軍歌調ムードでハッパをかけられ、行く方もまた「男子志を立て郷関を出ず。学若し成らずんば死すとも帰らず」とばかり悲壮な思いをひめてサヨナラをする。あちらに着いてみると、日本でまじめに学究生活をひたすら送ってきた人ほど、外国生活の不便と淋しさと異和感をいっそう強く感ずるものです。毎日を宿題で追われ、どうしても間に合わなくなった時など、ふと無理に何が何でも帰りたくなるほど、日本のすべてが懐しく、優しく思い浮かびます。ところがその日本で、先輩、後輩、家族が成功を祈って待っているのだと思うと、グッと心に重荷がかかったように感じて、まったく暗い気持ちになってしまいます。「どこへ行こう。どこへ行けば心の安らぎが得られようか」と考え始め、憂愁の情は遂に人の魂を死へと誘うことになります。こんな時ほど「生きている」ことの意味を深く考えさせられることはありません。私が生きているのは何のためなのか、という問いが深い響きをもって迫ってきます。母国で自分を待っている人々のためか、それとも負わされた宿題のためか。こんなことをいろいろと考えて苦しんでいたころ、タイプライターを打っていた指が硬直したように動かなくなりました。「私は卒業証書一枚のためにこれをやっているのではないか。その紙一枚で、私のメンツがつぶれなくてすむからやっているのではないか」。私は愕然として立ち上がって部屋を出ました。寒空に一面に星が輝いていましたが、何分間天を仰いでたたずんでいたか覚えていません。ともかく私は「けちくさい小さな自己」を発見して茫然としていました。私の人間としての価値はあの紙切れ一枚のためだったのでしょうか。そんなことのために自分は生命をかけていたのでしょうか。とんでもない話です。私は紙切れのためでなく、生きるために生きるはずでなかったでしょうか。この私が生きるためには、他の誰でもないこの「私」がまず生きなければ何にもならないのです。永井荷風のように二百万円残こして死んでみても、死んでしまっては何にもならないではありませんか。私の度胸が坐ったのはそれからでした。人間はしばしばまったくくだらない目的のために命をも失いかねないほど、夢中になってしまいます。人間の価値は何に自分を献げているかによって決まってくるのです。

「そこで彼は本心に立ちかえって……」（ルカ一五・一七）。

特定の個人

早稲田大学の理工学部長にかつて山本忠興という熱心なキリスト信者の先生がいました。特別な教え子思いで、また教え子からも特別に慕われていました。山本教授はかつての教え子が久しぶりに訪ねて来ると、応接間に入るやいなや「やあ、○○君。元気かね」と必ずその人の名を呼ぶ。そして「君は××年卒業生だったから△△君を知っているだろう。彼がこないだやって来てね……」とか、「君はお母さんひとりだったね。どう、お元気かい」というように何千人の教え子を一律無差別に見ることなく、一人ひとりを「特定の個人」として話しかけたそうです。相手は「二十年も前のことをよくも覚えていてくれた」というわけでその感激はひとしおです。ところが、これには山本教授の隠れた努力がありました。教授はその書斉に教え子に関する詳しい名簿を用意しておいて、訪問者が来たとき、ただフラッと会うのでなく、いちおう相手の身の上を調べた上で面会をしたと言われています。単に事務的に話を終わらせようと思えば簡単なものを、教授はこの「特定の個人」を愛情をもって遇することを忘れない人でした。

ここに大切な二つの点があります。一、愛されるにはまず愛さねばならないということ、二、愛は十把一からげでなく、常に「特定の個人」を問題にするということです。地球上何十億の人間の中で、ともかくも二人が選ばれて向かい合っているということは、神の導き〈摂理〉のなすことであります。どんな関係であろうとも、商売の取り引きで話し合っていようが、道を尋ねているのであろうが、それはお互いに「特定の個人」であって、不思議な神の導きのもとにあるのです。

私たちはこの「特定の個人」への愛をキリストから受けています。キリストは「迷える一匹の羊」を尋ね求めて、そのためには九十九匹をさしおいても、この「特定の個人」を求めてくださる。このありがたい愛を受けているものは、またキリストを「特定の個人」として愛し返さねばなりません。私たちの隣人を「特定の個人」として愛すること、それがキリストへの愛の道です。

「わたしのいましめは、これである。わたしがあなたがたを愛したように、あなたがたも互に愛し合いなさい」(ヨハネ一五・一二)。

一日を十分に生きる

私の尊敬する作家椎名麟三《りんぞう》氏がある人との対談で、マタイによる福音書六章にある「一日の苦労は、その日一日だけで十分である」というイエスの言葉が非常に好きで、この句の中にキリスト教のすべてがあるような気がする、と言っていました。かつてある作家同士の会で色紙展をやり、椎名氏がこの句を書いて出品したところ、一人の商人が「何の意味かよくわからんが、何となしに気にいった」と言って買って行ったといいます。そのことを知ったある評論家が(その人は椎名氏を反動の親玉として激しく攻撃していた人だが)ハガキを送って「あんたみたいに幸福な人はいない」といって寄こしたので、椎名氏はある感慨をもったとのことです。彼は言います。

たしかに「一日の苦労は、一日だけで十分である」ということは、裏がえせば「あしたはあしたの風が吹く」といったような非常にデカダンスなことになります。しかし、十分さという言葉の中にいっさいが含まれていると思います。一日を十分に生きる。一生を十分に生きるということ。しかし現代の人間は十分に生きていません。五分か六分か、三分ぐらいじゃないでしょうか。十分さ、それは十二分でもない。八分でもない。十分に生きるということができるのはクリスチャンだけだと思うのです、と。

一日を省みて悔いのみ多き一日である。一生をば、かくて終わるべきかと思うと、こらえ難い、くずおれを心に覚えます。「花のいのちは短くて、悲しきことのみ多かりき」。

しかしこれが人生の結論ではないのです。人生の結論は復活です。私たちにとって最も恐ろしい、最後的な敵、死とその針（罪）が、実は最後的なものではなくなったのです。この人間の最期の「ダメダ」は「ダメデハナイ」に変わりました。私たちの最期は、「ダメデハナイ」という結論です。これがキリストの復活の意味です。

キリストの慈悲とはげましの眼を感じつつ失敗しても悔いが残っても、不充分であっても、なおキリストにおいて、十分に一日を生き得る恵みを感謝しようではありませんか。

「一日の苦労は、その日一日だけで十分である」（マタイ六・三四）。

出会い

「私は、一生の自分の行いがすべていけないことであっても、聖書を人にすすめたことはよいことであったと信じて死ぬことができると思います」。最近、八木重吉の未亡人とみ子さんによって新たに発見された文章に、「聖書」と題して彼の母校御影師範の学友会雑誌に投稿されたこういう一節があったそうです。「大正十五年七月」というから彼の死の前年です。死の近きを予想しつつ、短かいその一生を回顧して唯一つ残る思いは聖書によって生き、キリストによって闘った生涯であったでしょう。その闘いの勝敗は彼の遺した歌と言葉自体が語っています。キリストを自己の中に「生理化」したといわれるほどに、彼のキリスト信仰は具体的でした。「しかし、つまりは、自分の気持ちは一つです。イエスが好きだ。世界中で一番好きだということです。好きだからイエスの言ったことにうそはよもあるまいと思う。もしうそがあっても、かまわないと思うのです」。これもまたその文章の一節である。

イエスとの「出会い」の真実をこれ以上によく言い表す言葉は多くありません。この人はキリスト一途にわき目もふらずに生きています。これは生涯に唯一人の導師を得て、その人のために生き、その人によって生き、その人と共に生きることができた人の幸いな告白です。あつい思いの現れです。

ドストエフスキーは「たとえ、真理がキリストのほかにあろうとも、わたくしはキリストをはなれない」と言ったし、親鸞も「たとひ法然聖人にすかされまひらせて、念仏して地獄に墜ちたりとも、さらに後悔すべからず候」と言いました。

「出会い」の真実とはその人のために生きることがあふれる喜びとなることです。生活の中にこの喜びのゆえに一本の線が貫かれるということです。それは「逆戻り」をする曲線ではありません。「目標をめざして走り」抜く線である。ボンヘッファーは「信仰」とは「行為」であると言いました。私たちもイエスとの「出会い」の真実を追い求めて「心をあつくして主に仕え」ましょう。「キリストのうちに自分を見いだすようになるため」（ピリピ三・九）。

師走

十二月に入りました。今年も暮れに近づいて町の様子もなんとなくざわめいた感じがします。一年に始めと終わりがあり、生活のくぎりがあるということは、非常に大切な意味深いことです。それは私たちの人生もまた始めと終わりがあるということを暗示しているからです。

私たちは気がついてみたら生まれて来ていたし、否も応もなくこの世に別れを告げる死に向かって生きていくことになっています。いつかは自分の命も尽きて、この「わたし」というものがなくなってしまうのだ、と考えるとシュンとしてくるのが人情というものでしょう。

しかし死ぬということがなかったとしたらどうでしょう。いったい私たちはほんとうにいつまでもいつまでも、この世に生きていることが幸せだと思えるでしょうか。いや、いつまでも生きていなくてはならないということになったら、ほんとうに嬉しいといえるでしょうか。チェーホフという人は「死ぬということは恐ろしい。しかしいつまでも生きているということを考えると、いっそう恐ろしい」という意味のことをいっています。「さまよえるユダヤ人」の伝説は信仰厚い妻の愛を疑って殺してしまったユダヤ人が死ぬことができないという刑罰を負って、愛を追い求めながら数百年世界をさ迷い歩いたという話です。彼は妻と同名の女に出会い、彼女を愛して共に死んでいったといわれます。このユダヤ人にとっては死ぬことがまさに祝福であったのです。

だがイエス・キリストにおいて新しい生命を見出したものは単に生きることが刑罰であって死ぬことが祝福だ、とは考えることはできないでしょう。そのような意味で死を憧がれ待つことはしないでしょう。なぜなら彼はすでにある意味で死んでいるのだから。

そしてそのような意味でこそ、私たちのこの地上の生に終わりがあるということは、単に悲しいことではなく、「走るべき行程を走りつくし、信仰を守りとおした」（Ⅱテモテ四・七）喜びの日を意味しているのではないでしょうか。長く生きることを望むのは願わしいことです。しかし無限に生きることを望むのはおろかなことです。そしてもっともよきことは、長くても短くても「主のみこころにかなった生活をして」（コロサイ一・一〇）生涯を終わることです。人生を長くたいくつに暮らす人もいるでしょう。またあれよあれよというちに、はかなく終わる一生を過ごす人もあるでしょう。しかしパスカルがいうように、人生の時間を計るには「自分の時計」しかないのです。すべてのものの終わりを告げたもう神の時計に自分の信仰の時計を合わせて生き、死ぬことこそ望ましいことです。年の暮れ、師走を迎えて、人生の終末を思いたいものです。

「万物の終わりが近づきました。ですから、祈りのために、心を整え身を慎みなさい」（Ⅰペテロ・四・七）。

創造の意味

創世記の天地創造の物語は聖書の記者が信仰によって書いたものであって、宇宙の成立の経過を記したものではありません。しかしその中には大切な教えが含まれています。「はじめに神が天と地とを創造された」。「はじめ」は神のものです。人生のはじめ、歴史のはじめは神が専有されています。人間はある意味で、一生涯この忘れていた「はじめ」を追い求めているのです。私たちの人生は神の「はじめ」に帰ることを目的にしています。「光あれ」。創造のはじめは「光」でした。もし創造のはじめが「闇」であったとすれば、私たちの人生はどんなに火花のように美しいものであっても結局闇にのみこまれる悲しく恐ろしいものであったでしょう。しかし神の永遠の決定はまず「光」でありました。そして神は「光」を「良しとされた」のです。「良しとされた」という句はくり返されています（創世一・四、一〇・一二、一八・二一、二五・三一）。神が「良し」とされているゆえに自分の悲しみと悩みの人生をも「良し」とできる人は幸せです。それは単に現状肯定を要求する「良し」ではなくむしろそれを克服しようとする闘いへと導く「良し」です。神の前に独り立ってこの神の「良し」を受けることを望みとする人は幸いなるかな。

神は一つひとつを「名づけ」られました。名は存在です。神によって一つひとつ存在を与えられたのです（ヨハネ一五・一六）。神を知らなくても神によって存在が与えられているのです（イザヤ四五・四―五）。

「夕となり朝となった」。なぜ朝となり夕となったという順序でないのでしょう。ユダヤでは夕方の六時から一日が始まる習慣です。意味深い時間の見方ではないでしょうか。ギリシャの健康な太陽はしかし必ず夕方の没落を迎えます。悲劇の多く生まれた理由でしょうか。ユダヤでは「闇」に向かって入ってゆかなければなりません。「闇」をさけたりにげたりしないでその中に入っていきます。しかし朝へ、確実に朝へと向かう時を進むのです。

「わが魂は衛士が、あしたを待つにまさり、まことに衛士があしたを待つにまさりて主を待てり。イスラエルよ、主によりて望みを抱け」（詩編一三〇）。

神の創造は恵みによる創造です。それは私たちに創られたるままに生きることを命じています。背のびするのでも、卑屈になるのでもなく、与えられた高さと重さと大きさを生きることでよいのです。

罪を知る人

「人おおき　人の中にも　人ぞなき　人となれ人　人となれ人」という歌に表れているように、人間は多くいても、ほんとうに尊敬に価する人はまことに少ないものです。昔ギリシャの話にある有名な哲学者が都アテネの町を昼日中に提灯をつけて「人間はおらぬか、人間はおらぬか」と叫んで歩き回ったということです。皮肉な話ですが、ほんとうに立派な人はなかなか見つからぬものです。しかし「りっぱな」人間というとき、何が基準でりっぱな人というのでしょうか。内村鑑三の『余は如何にして基督信徒となりし乎』を見ると、初めてキリスト教に接しておどろいたのは一夫一婦制をきびしく主張することだったそうです。その当時は「男たるもの蓄妾の甲斐あるものたるべし」というのが当然でしたし、「りっぱな成功」と見られたことだったわけです。

「りっぱ」ということは時代によって変わってきます。今日では親の無理難題に対して子どもが自覚をもってたしなめることが「りっぱ」なのでしょうが、昔は親に何が何でも従うことがよかったわけです。聖書によると「りっぱな人」には三つのことがあるように思います。その第一は「誠実さ」です。エレミヤにしてもパウロにしても、きびしく誠実に生きた人です。その第二は、「愛」のひろく深い人です。ホセアやヨハネのように愛の生活を生き、示してくれる人を忘れることはできません。しかしそれだけであるなら普通の人間でも、信仰がなくても、努力で必ずしも不可能とは思えません。そしてそういう例を、私たちはあちこちに見ることさえできます。しかしほんとうに私たちを引きつける人は

「罪を知る人」ではないでしょうか。罪を知り、罪と闘った人、否今闘っている人。罪を知るゆえに心からキリストを必要とし、人の罪の痛みを思いやることのできる人にまさって、私たちの心をもやし、かきたてる人はいません。

そしてそれは聖書にだけ見出せる人なのです。誠実であることや博愛に生きることも大切ですし、りっぱなことだと思います。しかしその人の中に罪を知ることがなかったなら、そしてそれゆえキリストの慰めを求める思いがなかったなら、やはりものたらぬことではありませんか。このように、キリストの愛を求めて生涯を躓《つまず》きと失敗の中にも生き抜いた「りっぱな人」を、ペトロの中に一番はっきり見出せるように思います。

神を相手に生きるものこそ、時代の移り変わりを超えて、世を導き人を導くものではないでしょうか。「罪を知る」ことにより、キリストを知ることにより「人」となりたいものです。

あがなう者――ヨブ記一九章――

ヨブ記の主題は「神が正義であるなら、義人は何ゆえ苦しむのか」ということだといわれていますが、詮じつめればそれは「信仰とは何であるか」ということです。ヨブは自分が蒙っている災難と苦痛が自分の罪に対する神の罰だという友人たちの説明にどうしても納得がいきません。「わかったふうな」理屈で説明されればされるほどヨブは反抗します。ヨブには昔からどのように信じられてきたかが大事なことでなく、今自分にとって自分の信じていることはほんとうなのかということが問題なのです。ヨブはかつて人々の間にあって物心両面において神の祝福に与《あずか》っていた「義人」でありました。しかし、いっさいが奪われるに及んで、彼は「信じたと思っていた」ことを新しく発見しました。これが彼の苦悩の中心なのです。アルベール・カミュの『転落』という最後の作品の主人公の弁護士は、正義の守り手として弱者に味方し、罪悪を糾弾する法の闘士でありましたが、ある夜セーヌ川の橋を渡っているとき「ワッハハハ……」という大きな嘲りの声が河面に落下していくのを耳にした瞬間、自分が今まで「わかったふうに」生き語り、行動してきたことのいっさいが偽りに見え、自分のほんとうの姿を求めてさまよい「転落」を始めます。そして不思議なことにこの時に初めてキリストのことを口にし始めるのです。宗教的通念や常識となっていた神は死んだのです。そして「転落」の道を共に歩むキリストが現れます。栄光のキリストでなく苦悩のキリストが現れるのです。その時にはまた終末が語られます。ヨブもまた「あがなう者は生きておられる」という信仰に導かれました。それは宗教的常識の神でなく「ヨブの」キリストなのです。そしてこのキリストは「後の日に必ず地の上に立たれる」のです。終末を信ずることなくして人はこの歴史を肯定することはできません。ヨブはこの終わりの日の「あがなう者」を「望んでこがれる」と言っています。

終末の信仰は不幸な被抑圧者の出す「ためいき」の産物でしょうか。否それはむしろ真に歴史の中に歴史と共に生きる力の源です。「終わりの信仰」こそ私たちの人生と歴史の「始め」にあるべきものなのです。
ヨブ記一九章はヨブ記の中心であるのみならず、私たちの信仰の根本問題にかかわる部分なのです。

歴史を担う教会

最近日本基督教団出版部から、『歴史を担う教会』という本が出ました。この著者は雨宮栄一氏（山梨教会牧師）と、大内三郎氏（山梨大学教授、山梨教会役員）で、雨宮氏はドイツのナチズム時代に抵抗した告白教会の歩みに学びながら、日本の教会のあるべき姿をさし示しておられ、後者は日本プロテスタントの歴史を回顧しながら、やはり将来の日本の教会の方向を暗示しておられます。少し難しい本ですが、教会とは何であるかを正しく教えてくれる書物であると思いますので、特に青年会の方々に読まれることをおすすめします。

しかし私はこの二人の著者についてのエピソードを知っていますので、その点からひとしおこの書物の意義を思わずにはおれません。その一つは大内先生の愛嬢（青山学院大学生）が、悪性の血液障害のために僅か一週間で世を去られたのが、この書物の執筆の最中だったということです。さらに雨宮牧師の夫人は、この書物の初版発行数日後、背髄がんのために二人の小さいお子さんを遺して天に召されました。

このような個人の悲しみを背景にもつ、この書物は「闘いをくぐりぬけた」書物（序）であるといえます。信仰とはいかなるものであるかを、著者たちは試練をとおして体験し、それを「神の支配を信じて生きようとしている教会に連なる者として、まことの永遠的希望にも深く思いを寄せられた」（序）と記述しています。

聖書の「救い」は旧・新約に証しされている神の救いの歴史に連なることをゆるされることです。それは決して個人の宗教的欲求を、神秘的に満足させたり期待した御利益に与《あずか》ることでもありません。それは何よりも罪の人間と歴史の終わりについて希望を与えるものです。この世の眼には隠されて、しかし信ずるものには現されて、流れつつある神の救いの歴史は死を超え、歴史の彼方に神の国と永遠の生命を指向しています。この流れの中に私たちは、「神の民」として召し入れられているのです。「教会」としてキリストを仰ぎ告白する共同的主体の中に組み入れられているのです。「教会」とは見るべきものであるよりは、信ずべきものであり、行為すべきものであります。

「歴史を担う教会」とは、この神の救いの歴史を証言しつづける教会のことです。世界がどんなに悲惨に満ちても、暗さに閉ざされても、キリスト者は、いま一つの現実を知らされ生かされていくものです。その人生の歩みに疲れ果ててみじめさを味わうときに、いま一つの生命（永遠の生命）に生かされるものです。それが「終わりから始める生」（終末論的存在）ということなのです。そこに地についた革新への道が開かれるのです。キリストを、そしてキリストのみを「主」と告白することの喜びと力強さと慰めを深く味わいつつ「歴史を担う教会」として仕えてまいりましょう。

清い心

関西学院大学の久山康先生を中心にした「基督教学徒兄弟団」という信仰の同志的団体があります。『兄弟』という雑誌を発行して真面目な伝道と求道の原動力となっているグループです。先日あるところでこの会員の一人で私の先輩の方から次のような話を聞きました。

兄弟団のある定期の会合のときに、青山学院大学の若きA先生はゲストとして出席されていました。食事のとき、誰かが何かユーモラスなことを話したので一同がワッと大笑いをしたのですが、A先生はその話を聞きもらしたので何がおかしかったのかわかりませんでした。しかし楽しい食事で話がはずんでいる時なので聞き質すのもヤボだと思って別に気にもとめず、皆と一緒になって笑ったのです。

その時、隣りに座っていた人は京都大学の武藤一雄という哲学の先生でした。武藤先生は皆が大笑いした時、自分もその話を聞きのがしたらしく、静かにA先生に向かって「今皆さんが大笑いしたのは何がおかしかったからですか」と問われたのです。A先生はグッとつまってしまいました。何とも答える言葉も失って心に痛みを覚えたとき、別の側にいた友人が、そのユーモラスな話を武藤先生にもう一度くり返してくれたのです。それを聞き終わった先生は、大きな声で「ハッハッハ……」と笑われました。ひとしきり笑い終わって食事にかかっていた皆は突然の武藤先生の笑い声を聞いてキョトンとし、そしてその「蛍光灯」ぶりにまたひとしきり笑ったということなのです。

隣りで武藤先生のあどけない、時期おくれの笑いを聞きながらA先生は自分の浅薄さとみにくさに打ちのめされると同時に、武藤先生の中にある幼な子のような純な魂に深く感動させられたということです。そしてその後A先生はすすんで兄弟団に入り、真実な信仰の交わりを求める決意をされたのです。清い心にまさって人を動かすものはありません。恐るべきは清い魂です。慕うべきは清い魂です。武藤先生の清い心に動かされたA先生もまた清い心を得たのだと思います。

「真実を心のうちにまでのぞみ」たもう神はまた、「自由の御霊を与えてわれをたもち」たもう方です。（詩編五一）。

「自分自身の善と悪とを、つまり自分の心を断念している人、そのようにざんげして、イエスにのみよりたのむ人、その人の心はイエスの御言《みことば》によって清いのである」（ボンヘッファー『主に従う』）。

「さいわいなるかな、心の清き者。その人は神を見ん」（マタイ五・八）。

星

「東の方でその星を見たので……」（マタイ二・二）。

三人の博士は「東方」より三つの贈り物を携えて幼子イエスを拝しにベツレヘムを訪ねました。「東方」は異教の地を意味します。アダムとエバがエデンの園を追放されて落ちのびた所、弟のアベルを殺したカインが追放された所、バベルの塔という神に反逆する建築のなされた所など、すべて「東方」でありました。

日陰と罪と絶望の場所にまずクリスマスの星が現れるということがそもそも信じられないことでした。しかし三人の博士は導かれる神に委ねて道を尋ねました。そして到着したのは都エルサレムのヘロデの宮殿でした。いくら何でも新しき王として生まれた方が、都以外のしかも片田舎の馬小屋にいますとは、彼らにとってはまったく予想外のことでした。

この長い大きな回り道をして、ベツレヘムの馬小屋のまぶねにいます主を拝むということは彼らには躓きであったはずです。それはありえないことで間違いであったと、充分判断できることでした。しかし、「星」は依然として彼らを導き続けます。もし「星」を信ずるなら馬小屋の中にまで行かねばなりません。それは彼らにとって当惑であり、無謀なことでありました。「客間にいる余地」さえなかった嬰児の誕生の貧しさ。けれどもこの「星」の静かなまたたきの中に彼らは「真理」とはいかなるものであるかを知ったのです。躓《つまず》きと疑惑と不信とにゆさぶられつくして、奪い去られるべきものはいっさい奪い去られた後、なおそこに残るもの、それは貧しい見ばえのしない人の目を引かない卑しい姿でしかないものです。しかし人の魂に光を点じ、炎をもやし時代の波をいつもくぐりこえてゆく力なのです。

真理と王冠とは矛盾する概念です。ヘロデ王もアグリッパも、ピラトも真理を前にしてその卑しさ、貧しさに躓《つまず》きました。「東方」にいた博士たちもそれに躓《つまず》かなかったはずはありません。彼らもまた、例外ではなかったはずです。しかし「星」の導きのままによもやと思う馬小屋の中に入ったとき、彼らは「恵みと真理に満ちた」方を見出したのです。人間の躓《つまず》きをも超えて彼方に導く「星」を見つめることのできた博士たちは幸いなるかな。

道を求めること

「あなたは世の終わりまで、御言葉を追って走らねばならない」（ルター）。

教会の近くにおそば屋さんがあります。大分前のこと、秋田から出て来たという中学校を卒業した後出前をやっている少年と話し合ったことがありました。彼は実に発刺としてまことに威勢のよいかけごえとともに働いていましたが、風呂の帰りにうどんを一杯食べて三十分もテレビのプロレスを眺めている私を情けなく思ったのか「おじさんはどこに勤めているの」と聞いてきました。私が答えると眼を輝かせて「教会の先生かい。……先生というものは退職金はどれ位出るのかね。俺も退職金のたんまり出る所へ行こうと思っているんだがね」ということです。私は何か湯ざめしそうな気がして、早々に店を出て帰りました。

私の頭の中で、この少年の潑剌とした威勢のよい働きぶりと、退職金をめあてに職を探す少年とがどうも一つに結びつかないのです。こんなにも元気で働いている十五歳の少年が退職金を目的にしているというのです。これはいったいどういう人生なのでしょう。もし一定の退職金の額を知ってどこかに就職したとすればこの少年は退職するために働くわけです。この少年のこれからの将来何十年という生きるべき時間は無意味なのです。そこには将来はなく過去だけがあります。一生涯をすでに過ぎ去ったかのごとく生きることになります。いやそれはそもそも生きていることになるのでしょうか。若い人に夢がない、と言われていますが、これほど「明日」が失われているとは思いませんでした。私が湯ざめするような気持ちになったのは当然です。

退職金をめあてに生きる少年も本当を言えば「明日」がほしくないわけはないはずです。ただ彼にとっては退職金が「明日」を入手する手段なのだろうと思います。しかし「明日」を「入手」する段になるとすでに人生は「晩年」になっているという矛盾があることが問題なのです。それに一番大切なことは何が「明日」なのかがわからないところに、いくらつかもうとしてもつかめないで終わる理由があるのではないでしょうか。カフカの書いたものの中に、子どもたちのまわす独楽《こま》に心がひきつけられ、回転するその美しさを捉えようとしてつかむとたんにそれが消えてしまう、というような言葉がありましたが、「明日」とはしょせん捉えた瞬間に過ぎ去ってしまっているようなものなのでしょうか。

「明日」とは可能性です。その「明日」は数時間後に必然的にくる、今日のくり返しとしての明日ではなく、「ほんとうのこと」が生まれる日です。それは過去と現在に対する悔いと痛みから始まります。過去と現在を無視して「明日」もまたありません。その時「明日」は私の悲願ともなり勇気ともなります。

「ほんとうのこと」に憧れをもつことなくして「明日」を「入手」することはできません。道を求めることはこの意味で「明日」に生きることです。ある宗教の教義の理解を求めることでも、倫理や哲学の体系を究めることでもありません。「ほんとうのこと」が自分の中に誕生することを求めることです。それは退職金をもらってから始めることではなく、気がついた時からすでに始まっていることです。すでに始まっていることを続けようと決意するか、それともその問いから眼を反らせて流れるまま偶然の時を過ごすかで、その人の人生が生きもし死にもするでしょう。

人生をすでに定まったものとして生きるところには真の喜びも感動もありません。五十年先がはっきりわかったら俺は自殺する、とある人が言いましたがわからないからこそ、また不安であるからこそ人間は勇気をもてるのであり、希望があるのです。「われらの日用の糧を今日も与えたまえ」という主の祈りは、人間の中に何の保証も求めず、いっさいを神からの所与として受けようとする祈りです。存在の根拠を自己や世界の中にもたず、神の中にもつことが信仰といわれることがらです。神の中にある自分のたしかさ、これが「ほんとうのこと」であり、これを求めて生きる人生はすでに「ほんとうのこと」の前味を味わっているといってよいでしょう。

長谷川如是閑氏がある時、故郷の村の運動会の見物に出かけたおり、最後のマラソン競走で走った老人が、運動会終了後、皆が帰って誰もいない夕闇の運動場に帰着して、規定どおりグランドを回った姿を見て涙して感動したということを聞きました。しかもこの老人はかつてのオリンピック・マラソン選手だったというのです。「ほんとうのこと」を求めて歩む姿は、老人でも若者でも、すでにその「ほんとうのこと」の光に歩んでいる事実を示します。いうなれば「ほんとうのこと」に捉えられているからこそ「ほんとうのこと」を求め続けることができるのです。それは私たちの人生を常に創造的なものにし、生命に溢れさせてくれるのでしょう。

「わたしがすでにそれを得たとか、すでに完全な者になっているとか言うのではなく、ただ捕らえようとして追い求めているのである。そうするのは、キリスト・イエスによって捕らえられているからである」（ピリピ三・一二）。

私たちの人生が生き生きとしたものであるために、「ほんとうのこと」を求めて生きる「求道」の旅にともどもに出発しようではありませんか。

二種のはかり

「互いに違った二種のはかり、二種のますは、ひとしく主に憎まれる」（箴二〇・一〇）。

旅行者の目をひくお土産品は買ってよく見ると大変な揚げ底で、外から見た分量の三分の一もないということがよくあります。しかしこんな店でも仕入れの時は目一杯にはかり入れて、損にならぬように買うものです。「買う者は、『悪い、悪い』という、しかし去って後、彼は自ら誇る」（箴二〇・一四）といわれるとおりです。

はかりの目盛を基準にするのでなく、自己の利欲を基準にして、人を見て二種のはかりを使い分けることは「主に憎まれる」ことです。その場合注目すべきことは、「二種のはかり……は、ひ、と、し、く主に憎まれる」ということです。片一方のますが正しい目盛であっても、他方が間違った目盛である場合、両方が憎まれるのです。ものをはかるとき、正しいはかりと誤ったはかりとは共存できないはずです。敢えて共存（両方を用いる）する場合、正しい方のはかりも憎まれるというのです。

はかりの目盛は客観的なものであり、厳正な基準であり、はかる人の主観や欲望をさばくものです。その正しい目盛に服従するところに、商人の信用というものの鍵があると思います。

私たちの生活にも「たてまえ」と「本音」という「二種のはかり」を使い分けることが多いのではないでしょうか。「たてまえはそうだが、本音は必ずしもそうではない」という言い方がでてきます。けれども「本音」が「たてまえ」と矛盾する場合、正しいと思われる「たてまえ」にもまた問題があるのではないでしょうか。「たてまえ」と「本音」を一つにしようとするのでなく、「たてまえ」即ち「本音」であるような生活をすることが、神のゆるしに生きることにほかなりません。

キリストの恵みによって生きる生活を「たてまえ」とする以外に、「本音」というあり方はないはずですし、福音を「本音」とする以外に「たてまえ」はないはずです。

与えられた「はかり」は一つです。それは私を「さばき」かつ「ゆるす」神の言《ことば》です。

しばらく前、安藤組というヤクザの団体が解散しました。その時、新聞記者がなぜ解散する気になったのかと聞いたとき、組長は、自分の子どもが自然に明るく正しく育っていくのを見ると、親が暗い曲がった生活をしていられなくなった、と答えたということです。話半分として聞いてもすばらしいことではないでしょうか。「幼な子でさえも、その行いによって自らを示し、そのすることの清いか正しいかを現す」（箴二〇・一二）。子どもをとおしても神は語り、服従すべき唯一の「はかり」を与えたもうのです。

真理を買う

「真理を買え、これを売ってはならない」（箴二三・二三）。

先日アメリカのウェスレー神学校校長のド・ヴォルフ先生のお話を聞きました。ジョン・ウェスレーというメソジスト教会の開祖についての話でしたが、その時、ウェスレーがいかに真実を追い求めた人であったか、ということに関連して、先生の青年時代のエピソードを話されました。

それは先生が牧師になることを決心し、両親と家を離れて遠くの地の神学校に出発する日のことでした。父親の書斎に呼ばれた先生は、父親と二人きりになったとき、父から次のように言われました。

「お前はこれから故郷を離れて都会に出て、神学校の生活に入る。お前はいろいろな人や、新しい考え方に出合うだろう。時にはお父さんやお母さんがお前に、今まで言ってきたこととまったく違った意見を聞かされるかもしれない。そのためにお前は不安になって、自分のうちに閉じこもりたい気持ちになるかもしれない。しかし決して耳をふさいではならない。両親の言葉と、どんなに違った意見であっても、それが真実なものであるならば聞くがよい。そしてお前の良心に問うて考えぬきなさい。そして納得がいったらその言葉に従うがよい。ただ耳をふさいで自分のうちに閉じこもったり、人の真実な言葉を避けて、古い考えに安住しないでもらいたい。もしそうしないなら、お前が牧師になったとき、そしてお前が神の真理、キリストのゆるしについて力一杯、大声で説いても人々は聞かないだろう。彼らはむしろお前自身の心の中にかすかに響いてくる疑惑の言葉にかえって聞くだろう。だから真実の言葉を追い求めて、納得するまで考えよ」と。

ド・ヴォルフ先生はこの父親の言葉を自分は七十に近い年齢になって、生涯の間で最も貴重なアドヴァイスであったといよいよ考えるようになっている、と言われました。

これはまた私たちにとって非常に大切なことではないでしょうか。人は生きている限り、より真実なものを求めていく者でなければなりません。私たちは真理を決して「売ってはならない」のです。なぜなら真理を売るものは神のみであるからです。真理について私たちはただ「買う」者でしかありえません。人間が「売る」ような真理は決して真理ではありません。「真理」を「金」に替えることはできません。できることは「金」を「真理」に替えることだけです。敢えて真理を「売る」とき、それを「売る」者は真理から見捨てられたものなのです。

真理を「買う」ことは命がけのことです。「金」（私たちの精神的物質的所有）を真理に替えることは冒険ですし、時には私たちを苦悩の中に投げ込むように思われます。大変なことのように考えられるかもしれません。

しかしイエスは言われます。「それを見つけると……喜びのあまり……持ち物をみな売り払い……買うのである」（マタイ一三・四四）と。真理を「買う」苦しみは、そのまま天国の喜びにつながるのです。

祈りの道

「わが魂がわたしのうちに弱っているとき、私は主をおぼえ、わたしの祈りはあなたにいたり、あなたの聖なる宮に達した」（ヨナ二・七）。

わたしたちにとって必要なのは「わかる信仰」ではなく「力ある信仰」です。最近のキリスト教の動きは現代人に信仰をわかりやすく伝えるためにはどうすればよいか、ということに苦心しているあまり、ともすると福音のほんとうに「力ある性格」が薄められてしまい、「なるほど」「なるほど」とうなずけることはあっても心に痛みを覚えるような鋭い言葉も、心を躍らせるような、生活をひっくり返す喜びの言葉も、なかなか聞けなくなったような気がします。

信仰というものはその人にとってだけの神秘な体験が根拠になります。誰が何と言おうと神は私にこのように語られたのだ、という確固たる体験がないならば「わかる信仰」ではあっても「力ある信仰」とはならないのではないでしょうか。信仰を知識化したり論理化したりすることはできますし、ある意味で必要でもあります。しかし知識や論理を信仰化することはできません。敢えてやれば独断論というものになります。信仰は信仰によってしか捉えられません。

その信仰は「おどろきの体験」から始まるといってよいでしょう。そのような「体験」は手をこまねいていては生じないのは当然です。「信ずる者のごとく生きる」ことをしないならば、その体験は生まれません。「信ずる者のごとく生きる」ということは「祈りの道」を造ることです。「祈り」を実行することです。

対象がはっきりしないのに祈れるものか、といわれるかもしれません。しかし対象がはっきりするのを待っていてはいつまでたっても、はっきりしないでしょう。暗空に坐っていたのでは部屋の大きさはわかりません。立って手探りで歩き、一つひとつの壁を、しきりを、たしかめていかねばなりません。立って歩くという「実行」を抜きにしては、対象はいつまでたってもわかりません。「祈り」をすることによって「祈りの道」は開かれます。自分の気分転換が「祈り」に導くのではなく、「祈り」をすることが「祈り」を造っていくのです。

しかも何をいかに祈ってよいか、否祈ることも知らぬ弟子たちに、イエスは「主の祈り」を与えられました。「祈りの道」すら、キリストによってすでに開かれているのです。だとしたら、私たちに残されていることは、ちゅうちょなく、この「祈りの道」を歩くことのみです。そして「力ある信仰」を得ることです。

原爆の日

「……そのあわれみによって、日の光が上から……わたしたちの足を平和の道へ導くであろう」（ルカ一・七八―七九）。

今日は「原爆の日」です。二十二年前の今日、暴虐な戦争を終結するためにと称して尊い生命が広島で奪われました。私たちは日本民族の歴史の続く限りこの日を忘れないでいたいと思います。

戦後初の内閣が誕生したとき、総理大臣東久邇宮《ひがしくにのみや》氏は、「真珠湾を忘れるな」という合言葉で太平洋戦争を続け、日本に打ち勝ったアメリカにラジオを通して呼びかけました。そのメッセージは「米国民よ、真珠湾を忘れて欲しい。日本国民も広島・長崎を忘れるから」という内容のものでした。太平洋の東西の破れた友情を回復しようという意味であったと思います。その時、（私事にわたり恐縮ですが）私の兄が毎日新聞の駆け出し記者でしたが、「宗広長《ムネヒロナガ》」というペンネームで、ある短評を書きました。（このペン・ネームは「ゆめ広島・長崎を忘れるな」という意味と、「無念広島・長崎」という意味からとった、と妙な理由づけをしていましたが）その短評の要旨は「米国民よ。決して真珠湾を忘れるな。日本国民も決して広島・長崎を忘れないから。何故なら、その互いの痛みの記憶こそが新しい両国の平和の基礎になるのだから」という意味のものでした。

その後二十年たちました。そして私は兄の言葉が増々真実だ、という思いがしてなりません。私がアメリカの保守的なマサチューセッツの田舎のある教会を訪ね、青年会でこの趣旨のことを言ったとき、人々はいやな顔をしました。ある人は原爆投下のやむをえなかったことを言い、ある人はそんなにアメリカが憎いか、と質問もしました。私はそのとき戦争に勝つということは恐ろしいことだ、と思いました。戦争中の「真珠湾を忘れるな」というかけ声は戦勝とともにその意味を失い、戦争の悲劇の痛さを忘れさせてしまうのです。緒戦の敗北から立ち上がって、もとを取り返したのみならずもうかった、という感が、苦しみを忘れさせるのです。

戦争に負けた日本は、単に原爆を受けた被害者だけではありません。その前に長い期間、日本はアジア諸国、特に中国・朝鮮・台湾に対しては加害者でありました。日本は加害者であった、と語るとき、私たちは現在と将来の世界の動きに責任を感じざるをえません。「原爆の日」に思うことは、後向きのことだけで終わってはならないのです。それでは非生産的な回想になってしまいます。歴史というものは将来の可能性でなければなりません。過去の意味を問うて将来へとそれを生かすのでないなら、私たちは歴史をもつ必要がないのです。その歴史を解釈する眼は「上から」くるものです。平和運動が政略的な見地から三つに分裂している悲しい事実を見るにつけ、私たちの平和への努力が「上から」の「光」に導かれることを強く強く願わざるをえません。

時効

「おおよそ、持っている人は与えられて、いよいよ豊かになるが、持っていない人は、持っているものまでも取り上げられるであろう」（マタイ二五・二九）。

法律の用語に「時効」という言葉があります。辞典によると「一定の時の経過により権利、義務の消滅すること」と書いてありました。丸山眞男氏の書かれた『日本の思想』（岩波新書）の中に「時効」について興味ある発言があります。「金を借りて催促されないのをいいことにして、ネコババをきめこむ不心得者がトクをして、気の弱い善人の貸し手が結局損をするという結果になるのは、ずいぶん不人情な話のように思われるけれども、この規定の根拠には権利の上に長くねむっている者は民法の保護に価しないという趣旨も含まれている」というのです。

つまり自分が持っている権利は、持っているだけでは何もならないのであって、それを使用することによって初めて権利を有する者になる、ということなのです。裏をかえせば金を借りた人には返す義務があり、金を貸した人には請求する義務がある、ということになります。金を貸したという優越感と特権意識に溺れていると、何もかも失ってしまうのです。「権利の上にねむっている者」はそれを失うのです。

日本が敗戦後得た自由ということについて考えても、自由を与えられた、というだけで自由であるかのような錯覚に陥っていないでしょうか。「自由を祝福することはやさしい。それに比べて自由を擁護することは困難である。しかし自由を擁護することに比べて、自由を市民が日々に行使することはさらに困難である」と、あるアメリカの社会学者が語ったそうですが、日本がひそかにかつ急テンポに進む逆コースに対して目を閉ざしたまま、「一定の時の経過」をすれば、やがて自由のまったく見られない日本になるかもしれません。

さらに「時効」の論理は、私たちの信仰生活についても深い暗示を与えてくれるように思います。神の恵みに慣れてしまい、信仰生活が「あぐら」をかいて、「選ばれていること」が特権意識やエリート意識に結びつき、「権利の上にねむる者」となるとき、主はすべてを「取り上げる」のです。「宮の庭にすわり込んでいる」（ヨハネ二・一四）商人や両替人——宗教をクイモノにしている人々——をむちで追い出されたように、主は私たちを「外の暗い所に」（マタイ二五・三〇）追い出されるでしょう。それゆえ、与えられている神の恵みを、隣人のために大切に用いなければなりません。

エバの讃歌

「彼女はみごもり、カインを産んで言った、『わたしは主によって、ひとりの人を得た』」（創世四・一）。

エバがアダムによってカインを身ごもった時は、彼らがエデンの楽園から追放され、その土を耕さねば生きていけない、東の地に移された時でした。神の信頼を裏切り、約束を破って禁断の木の実をとり、神に追求された時の醜い、無残な彼らの姿を思い出しては悲嘆の涙にくれながら、彼らは楽園を後にしたのでした。その旅の寂しさと空しさは何にたとえようもなかったはずです。神との断絶！　この恐るべき事実の中に彼らは「いばらとあざみ」(三・一八) の地を耕して食を得、「苦しんで子を産む」(三・一六) ことをくり返し、その末に「ついに土へ帰る」(三・一九) ためにだけ生きることを運命づけられたのでした。その状態の中でエバは身ごもったのです。彼らの生活がどのように苦しみを増し加えるものであるかわかりません。幼な子は充分成長するでしょうか。しかしエバはここであの悲惨な罪の思い出にもかかわらず、あの神の激しい怒りにもかかわらず、「わたしは主によってひとりの人を得た」といい得たのです。エバの神への思いを妨げるものは、彼女の罪でもなく、神の怒りでもなく、ましてもはや蛇の声でもありません。彼女は自己の罪を悔むあまり神を呼ぶことを忘れはしませんでした。また神の怒りを恐れるあまり神から離れようともしませんでした。彼女はこの荒野で神の恵みの価高きことを知ったのです。生きることが御意《みこころ》ならば生きよう、死ぬことが御意《みこころ》ならば死のう、と思い定めた者にとって、すべては恩寵であります。「ひとりの人」が与えられたことは生命の存続の許可であり、その更新の可能性の祝福以外の何ものでもなかったのです。

三谷隆正という元一高の先生は、『信仰の論理』という本の結びに「仮令《たとえ》世を挙りて (自己を凝視せよ) と呼ばるとも、私は自己を見まじと思ふ。彼の他者をのみ仰がうと思ふ。私は自己の存在を疑うことありとも、他者の力ある事を疑ふことはできない。私は自己を信じない。然し他者には安んじて信頼することができる。私の一生の大野心《アンビッション》は自己に死ぬ事である。而して他者裡に甦る事である」と記しています。最近は自己とか個人とか実存とか主体とかいう語が流行し、人生の真理の基準が自分にあり、いっさいの問題は自分に発し自分に帰するかのように言われる場合がよくあります。しかし「われ山に向かいて目を上ぐ。わが助けはいずこより来るや。わが助けは天地をつくりたまえる主より来る」（詩一二一・二）とうたわれているように、罪の懺悔や自己批判から救いが生まれるのではなく、すべてを知りたもう主の前に黙して仰ぐことこそが救いにほかなりません。エバは自分の罪を超えて主を信じたゆえに、自己に死に、神に生きることを得たのです。

キリストは私たちの知恵

「神は、知者をはずかしめるために、この世の愚かな者を選び、強い者をはずかしめるために、この世の弱い者を選び、有力な者を無力な者にするために、この世で身分の低い者や軽んじられている者、すなわち、無きに等しい者を、敢えて選ばれたのである。それは、どんな人間でも、神のみまえに誇ることがないためである。あなたがたがキリスト・イエスにあるのは、神によるのである。キリストは神に立てられて、わたしたちの知恵となり、義と聖とあがないとになられたのである。それは、『誇る者は主を誇れ』と書いてあるとおりである」（Ｉコリント一・二七―三一）。

元九州大学で児童心理を教えておられたU先生の話です。御殿場にU先生の関係しておられる知的ハンディの児童たちのコロニーがあります。約八十人の児童たちがここで一つの社会を構成して生活しています。A学院の教育学科の学生の何人かが毎年夏休みに、このコロニーに教育実習で派遣されて、特殊教育の実際について勉強することになっているのです。卒業を間近かに控えた学生たちがさまざまの抱負と夢をもってこのコロニーに入り、知的ハンディの児童をいかに教育学的に理解し、かつ指導すべきかを考えて、いろいろの準備をし、気負い込んで乗り込んでいくのですが、実習の終わる時になると、一種の衝撃をうけて御殿場を下るということなのです。

それはどういうことかというと、一口に言えば「知的ハンディの児童をいかに教えるべきか」という態度と問題意識が、「知的ハンディの児童からいかに学ぶか」という姿勢へと変えられてしまうということです。そして「能力」という言葉に従来あてはめてきた意味をまったく新しくさせられるということです。このコロニーの児童は知能指数という点でははなはだ低いのですが、しかし知能指数の高い人間が何でもできるかというと決してそうではありません。知能指数という機械的な評価基準が必ずしも人間の人格的価値を正当に評価できないことは、周知の事実です。

このコロニーにいる児童たちは一つの社会を構成する者として、それぞれに小さな責任、仕事、つとめを負わされています。ある子は毎朝玄関を掃除して、ポーチに水をまくという仕事があります。彼女はそれをキチンとする約束をしています。ある朝は暴風雨でした。ポーチは雨でビッショリ濡れています。しかし彼女は一人で黙々とその日のつとめとして、ポーチに水をまき続けたのです。ある子は毎朝うさぎにオカラをやるために山を下りて町の豆腐屋さんに大きなバケツを持って行きます。雨の時も雪の時もそれは彼にとってつとめなのです。ある大寒の朝、ひざを没する雪を踏み分けて出ようとする子に、見かねた先生が、今日は貯えてある食糧をやるから出なくてもいいと言うのですが、子どもは、うさぎは新しいオカラが一番好きなのだからと言って、唇も紫になって雪の中を往復したというのです。

こういう子どもの世界には「うそ」もなければ「要領」ということもなく、ありのままの真実が支配しています。大学の学生たちが心に衝撃をうけたのはこの点です。大学生の教養、学識、世界をくつがえしたのは、こういう真実、愚直とさえ思われる真実の世界を知ったことでした。神はかかる子どもを選んで世の知者を辱しめたもうのです。キリストこそわれらの知恵であるゆえに。

神の合せたもう者

「天地創造の初めから『神は人を男と女とに造られた。それゆえに、人はその父母を離れ、ふたりの者は一体となるべきである』。彼らはもはや、ふたりではなく一体である。だから、神が合わせられたものを、人は離してはならない」（マルコ一〇・一一一二）。

一九六七年は三十七秒毎に一組の夫婦が生まれ、六分二十秒毎に一組の夫婦が離婚した、とある新聞は報じています。繁栄の実相をこんなに見せられて考えさせられるところが多くあります。国民の結婚が危機的になっていることは、その国の文化の健康度が危機的になっていることを意味します。かつてある映画俳優の間で契約結婚というようなフザケたことが行われましたが、うまくいくはずがないと思っていたら、はたして女性が自殺未遂を引き起こして別れてしまいました。

イエスの時代もある意味で結婚の危機でした。ガリラヤとペレヤの領主ヘロデは兄弟フィリポの妻と通じて、フィリポはヘロデに殺されました。バプテスマのヨハネがその罪を指摘するや彼の命を奪ってしまいました。他方宗教的な民衆指導者として自認していたファリサイ人にも、結婚、離婚をめぐって意見が対立し、モーセの律法（申命二四・一以下）を都合よく解釈して離婚がはなはだ恣意的に行われるにいたりました。

イエスはことがらを神の創造のさだめという本質から捉えられます。神のさだめが真の律法であり福音であるからです。法解釈に腐心して現実との妥協のみを探る傾向にイエスは否を言われます。神の前提にはまず、㈠神が人を「神のかたち（似像）」として造られた、という事実があります。それは人は関係的存在（交わる人格）であるという意味です。人格的交わりを神のさだめとして生きることが福音なのです。これは決して結婚の律法化ではありません。そうではなくて、連帯において生きるべく定められたということです。結婚は相対化しなければなりません。しかし「差し向かい」の生き方こそ人間の生き方です。㈡イエスはさらに「二人は一体である」とくり返されます。この一体は決して一枚岩のような融着した一体化ではありません。融着した一体は「くされ縁」（箴一二・四）です。箴言二七章の「かしこい妻」のかしこさとは「主を恐れること」である。夫でも妻でもなく主に服従するところに真の夫婦の生きた結合があります。一体は自然化してはなりません。㈢第三に「神の合わせられたもの」であることを忘れてはなりません。この原語は「神が一つのくびきにつながれた者たち」です。二頭立ての馬（牛？）車である。かくてイエスにおいては離婚の自由はありません。しかしそれは信仰によって結婚を維持する自由への招きです。そこには信仰の真実の問題があります。形さえ整えれば、というファリサイ人的構え方に「うそ」があります。㈣しかし最後に結婚は「神」が合わせたもうものです。結婚においてどうしても神のさばきの言《ことば》しか聞こえてこない場合がありえます。神が合わせたもうべきであったことを思いつつなさねばならぬ離婚がありうるのです。良きにつけ悪しきにつけ、神が合わせたもうことを祈り求めねばなりません。時には感謝をもって、時には悔い改めをもって。

蛇と鳩

「わたしがあなたがたをつかわすのは、羊を狼の中につかわすようなものである。だから、へびのように賢く、はとのように素直であれ」（マタイ一〇・一六）。

三月も終わります。梅の香りに送られて学校を巣立つ卒業生は、業成った喜びのかげに積み重ねた労苦を思って感無量のものがあることでしょう。卒業式は英語でコメンスメントと言いますが、それには「開始」という別の意味もあります。卒業とは終結ではなく開始であるということは大変意義深い示唆ではないでしょうか。それは人生には最後的な「卒業」というものはなく、常に新しく「開始」することのみがあることを示しています。

イエスは十二弟子を教育なさり、「汚れた霊を追い出し、あらゆる病気、あらゆるわずらいをいやす権威をお授けになった」（一〇・一）のですが、それは卒業ではなく、宣教の開始のためでした。この宣教のわざが狼の群れの中に羊を送るような危険なわざであることを、弟子たちよりもイエスの方がはるかによくご存じでした。弟子たちをその仕事につかわすイエスはこまごまと注意を与えます。その一言一言の中に弟子への温かい配慮と慈愛が満ちているとともに、断固として使命に立たしめるきびしさが鳴り響いています。

「へびのように賢く、はとのように素直に」とはどういう意味でしょうか。最近出版された『キリスト教倫理辞典』によると「カトリックの倫理」の中で最も大切とされている徳目は「賢明」の徳だそうです。賢明とは「普遍的なものを特殊なものの中に生かす知恵」だそうです。やさしく言えば「正義を行え」という大原則を個々の生活の中にどんな具合にあてはめていくか、という知恵です。原則論だけぶっていても生活につながらなくては何もなりません。また生活の中に埋没してしまって自分のしていることもわからなくなっては無意味です。生活は原則を必要としています。しかし原則論を誇ることは無用です。大切なことは原則を生活に生かすことでしょう。そうすれば原則もまた生きてきますし、生活もはじめて整ってくるのです。そこでカトリックで「賢明」が最も重んじられる意味がよくわかります。

蛇の鋭敏さと賢明さはそのままですと有毒な凶器になりかねません。その毒を抜くものが「素直さ」です。「素直」と訳されている言葉（アケライオス）は「混り気のない、純粋な（金属など）」を意味します。神に対しても人に対しても純粋であることが素直さの意味です。ただしかし、純粋はしばしば過度に陥りがちです。そのために危険に対して無防備であったり、逆に手を汚す冒険が必要な場合にもこれを避けて遠くから眺めて終わる、ということになりかねません。そこに求められるのが蛇の知恵なのです。「純粋」を具体化し、生活化する「賢明さ」です。

主イエスのすすめの適切さに私たちは改めて驚かざるをえません。「蛇性」も「鳩性」も相互に他を必要としています。両者の緊張の中に生きる生活、それは主イエスご自身の生活でした。それはひと言で言えば「ユーモア」の生にほかなりません。宣教につかわされる弟子たちの主イエスの贈り物は「ユーモアの生」だったのです。

沈黙

「イエスは何もお答えにならなかった」（ルカ二三・九）。

民の長老、祭司長、律法学者たちに指導されて、民衆がイエスをピラトに訴えた理由は、イエスが「国民を惑わし、貢をカイザルに納めることを禁じ、また自分こそ王なるキリストだととなえている」

ということでした。イエスはさまざまの質問を受けましたが、遂に「何もお答えにならなかった」のです。同胞と異邦人とからさばかれる場でイエスは沈黙し続けられました。真実を語り、人間の救われることのみを望み、神の召しに応えてガリラヤからエルサレムへの道を上られたイエスは、今この沈黙の時、静かに最後の言葉を語るそなえをしておられるのです。その最後の言葉とは「十字架に上ること」、そのことでした。「彼はしえたげられ、苦しめられたけれども、口を開かなかった。ほふり場にひかれて行く小羊のように、また毛を切る者の前に黙っている羊のように、口を開かなかった」（イザヤ五三・七）。一方民衆は「バラバを許せ」と絶叫し「暴動と殺人のかどで獄に投ぜられた者」の釈放を要求し「そして、その声が勝った」（ルカ二三・二三）のです。

平和が圧殺され暴力が権力をふるうという悲しくも恐ろしい歴史の不条理を、今週ほど痛ましく印象づけられたことはありません。時あたかも受難節のとき、マーティン・ルーサー・キング牧師が暗殺されました。その数日前ベトナム政策の大転換をアメリカ大統領が発表し、北ベトナムもこれに応じ、世界の暗雲をつき抜けて一条の光がさしたことを人類全体が喜び、アメリカの良識の亡び絶えていないことに希望を感じていた矢先でありました。

思えば七年前の四月、人種差別反対の集会中、バーミンガムのバプテスト教会に白人テロリストによって爆弾が投げこまれ、黒人の日曜学校生徒十数名が死傷したという、ある英字新聞の記事を読んで、私はたまらない思いにかられて、キング牧師に激励の手紙を書きました。やがてきた丁寧なお返事には「東京からの支持の声に大きな力を得ている」という意味の静かな力強い文章が記されてありました。

その年の八月末はからずもジョージア州アトランタにキング牧師の教会を訪ねる機会を得ましたが、旅行がのびたために直接お会いできずに残念でした。後日、日本の部落民の解放運動の歴史の書物を贈呈したことに対するお礼状が来ましたが「われわれは精神的にすでに勝利している」とありました。「キングは決して憎まない。キングは決して退かない。キングは決して絶望しない」とは、牧師の家が焼き打ちにあった直後もらされた言葉です。

キング牧師は永遠の沈黙に入りました。アトランタの、真昼でも街娼のたむろするあのスラムに立つ教会の、痛ましい十字架のキリスト像を、汚れた白ペンキ塗りの朽ちた木造アパートのポーチに無気力に横たわる黒人青年の顔とともに、私は今なお忘れることができないのです。キング牧師の沈黙の死、それが何を意味するか、アメリカはそれを今後の歴史をとおしてはっきり学ぶことでしょう。イエスを十字架に追いやったユダヤ人たちがそうであったように。

キリスト者の生活――礼拝について――

(一)

キリスト者の喜びとする第一のことは、礼拝であります。礼拝のために集められ、礼拝することがゆるされているということはキリスト者の最大の喜びであり、感謝であります。それは天地の主、全能の神と親しく交わるべき機会であり、罪のゆるしと平和と希望とが与えられるところだからです。これはイエス・キリストによって私たちに等しく提供された恵みの道ですから、私たちはキリストの恵みを無にしないために、この礼拝を守らねばなりません。この喜びの礼拝はそれゆえ、キリスト者の何よりも大切なつとめでもあるのです。

ところで礼拝と訳される言葉は聖書にたくさん出てきますが、旧約聖書では大体二つにまとめられるようです。その一つは「ひざまずく、首をたれる、腰をかがめる」（ヒシュタハワー）というように、礼拝の形とか姿勢を示す言葉であり、もう一つは「仕える、働く」（アボダー）というように、礼拝の内容を示す言葉です。新約聖書の場合も、同じく二つの意味にまとめられ、最も多く用いられる言葉は「平伏する、拝む」という形を表すもの（プロスクネオー）と、「奉仕する」という内容を表すもの（ラトゥリウォー）とがあります。

このことは礼拝には形と内容とが重要な要素だということを意味しています。形だけ整えても内容のないものは礼拝ではありません。また内容さえあれば形は無視してよいということも言えません。礼拝の形と内容とは深い結びつきがあるのですから、これを切り離してはなりません。旧約聖書以来、形式を重んずる祭司的傾向が行きすぎると、必ず預言者が現れて（ホセア六・六、エレミヤ一四・一二）、礼拝の精神的内容を強調するようになりました。しかしまた礼拝の精神は何かの形式をとらなければなりません。モーセの出エジプトの目的の一つは、イスラエルの神に犠牲をささげることでした（出エジプト三・一八）。イザヤの召命は神殿における礼拝の最中に起こりました（イザヤ六）。

このように形式を軽んずる礼拝も、内容の乏しい礼拝も真の礼拝とはいえません。生きた形式をもち秩序ある内容をもつ礼拝こそ礼拝と呼ぶにふさわしいものです。それをイエスは「霊とまこととをもって父を礼拝する」（ヨハネ四・二四）という言葉で言い表しておられます。礼拝は「神に仕える」ことを「霊とまこととをもって」形に表す営みなのです。「心では思っているけれど」というだけでは礼拝になりません。また「どうせおつとめなんだから」というものも礼拝になりません。こうして礼拝は主観主義にも客観主義にも陥らない、「霊とまこと」の礼拝でなければなりません。形式が内容にふさわしくあるように、礼拝に出席する者は祈ることが大切です。

礼拝は神に仕えることですから、人間的な思いで出たり出なかったりすることがあってはならないでしょう。

㈡

「御霊に満たされて、詩とさんびと霊の歌とをもって語り合い、主にむかって心からさんびの歌をうたいなさい」（エペソ五・一八―一九）。

旧新約聖書を貫いて「礼拝」を意味する言葉には、その形式の面を表す語と内容の面を表す語のあることを学びました。パスカルが「形式に希望をおくことは迷信である。しかし形式に従わないことは高慢である」（『パンセ』）と述べているように、信仰生活の実際面で、礼拝の形式というものは大変大切な意味をもっているのです。

しかし形式であれば何でもよい、というのではありません。その形式はとってつけたようなものではなく、私たちが礼拝するイエス・キリストと父なる神のめぐみに対する「さんび」によって必然的に生まれるものです。礼拝の形式をこのように内容から、すなわちめぐみの言葉に対する感謝の応答から、吟味し、また新しく適切な形式に造りかえる試みを典礼学といいます。新しい時代において、その時代の問題の直中で、神のめぐみの言葉に応えて礼拝するとき、それは新しいぶどう酒が新しい皮袋を必要としていることを意味します。新しい皮袋を求めて、真に福音にふさわしい、信仰に基づいた私たちの礼拝の形式を求めていきたいものです。

ところで礼拝の形式には時代の変化にもかかわらず一貫して変わらない要素があります。それは神のめぐみの言葉とそれに対する応答という根本構造です。どこの教会の礼拝でも、このみことばと応答という構造を欠いている礼拝はありません。そこで私たちの教会の礼拝の順序を例にして礼拝の根本構造を考え、私たちの礼拝に参加する姿勢を新たにしたいと思います。

「黙禱」――ここからすでに礼拝は始まっています。説教に間に合えばよいというようなことでは礼拝を無視している態度でしょう。礼拝はこの黙禱から始まります。この黙禱の意味は礼拝の準備の行為であり、聖霊に満たされた礼拝であるように、聖霊の来りたもうのを祈り求める時です。「みたまよ、来りたまえ、そしてわれらをきよめたまえ」と初代のキリスト者たちは「主の祈り」と共に祈ったそうです。神のめぐみと聖霊とが先立ちたまわないなら、私たちの礼拝は成り立ちません。この黙禱はいわゆる無念無想とは違います。信濃町教会のF先生は黙禱の時にも口を動かして祈られるそうです。頭の中で祈っていると、祈りがどうどうめぐりをしたり、とりとめなくなってしまうので、声には出さないがはっきり言葉にして黙禱されるということを聞きましたが、なるほどとうなずけることではないでしょうか。ただ静かに心を鎮めるのではなく、礼拝するにふさわしい聖霊の力を祈り求めましょう。そこには一週間の闘いの回顧があり、敗北の記憶があり、感謝の思いがあり、職場の問題あり、家族の問題あり、教会、国家、世界の問題がありましょう。それらの問題を担って、私たちは今、「すべて重荷を負うて苦労している者は、わたしのもとにきなさい。あなたがたを休ませてあげよう」（マタイ一一・二八）という主の御言葉のもとに立っているのです。この御言葉が私の現実になるために、聖霊を祈り求めなければなりません。

礼拝に参加するということはこの「黙禱」に参加するということではないでしょうか。それは神に仕えることとしての礼拝の準備であります。準備なき行き当たりバッタリの奉仕を神はお喜びになるはずがありません。心を込めて中身のある黙禱をしようではありませんか。こうしてはじめて私たちは次の「頌栄」を歌うにふさわしい段階に導かれるのです。

㈢

「願わくは、主の栄光とこしえにあらんことを。主そのみわざを喜びたまわんことを」（詩一〇四・三一）。

礼拝の始めと終わりに置かれている「頌栄」の意味は大切です。礼拝の意味は神に栄光を帰することであり、主のみこころの成就することを求めて仕えることにほかなりません。その意味で礼拝が頌栄で始まり頌栄で終わることは意義深いことです。「頌栄」とは文字どおり主の栄光を頌《たた》えることですが、そのことは聖霊の働きによってこそ人間に可能とされるものなのです。「聖なる、聖なる、聖なるかな、罪ある目には見えねども、みいつくしみの満ちたれる、神のさかえぞたぐいなき」（讃美歌六六）と歌われているように、キリストによる罪のゆるしの恵み、神との和解に生きるものにして初めて「頌栄」はその名にふさわしいものとなることでしょう。

神が神でありたもうという、その一事がたぐいなくすばらしい喜びなのです。パウロはこのことを「わたしたちは、今や和解を得させてくださったわたしたちの主イエス・キリストによって、神を喜ぶのである」（ローマ五・一一）といっています。この「喜ぶ」という語の原意は「誇る」あるいは「ほこらかにほめたたえる」ということです。神が私たちと共にありたもうということ、私たちが神の側に属するものとされたということ。この和解の福音こそは、人間を根底から新しく生かすところの爆発的な喜びの力にほかなりません。それゆえ「頌栄」は喜びであり、力であります。総督ネヘミヤは捕囚から帰還した民を前にして語ります。「この日はわれわれの主の聖なる日です。憂えてはならない。主を喜ぶことはあなたがたの力です」（ネヘミヤ八・一〇）と。

キリストによって神が神であるということを恵みとして知らされたものは、必ずや「信仰告白」へと導かれるのです。これは「交読文」という形で行うことができます。「交読文」（Resposive Reading）の原形はイザヤ書六章のセラピム（天使）が「互いに呼びかわして言った。『聖なるかな、聖なるかな、聖なるかな、万軍の主、その栄光は全地に満つ』」というところにみられるかもしれません。「交読文」は互いに呼びかわすところにその意味があります。それは神との交わりである礼拝が、人間同士の交わりを基礎づけるものであることを明らかにしています。神への讃美、感謝、信仰の告白、悔い改めなどのすべてを共同的に行うということの中に「聖徒の交わり」あるいは「教会」の成立の根拠があるのではないでしょうか。神に向かって語ることを許されたものは、人間に向かって語ることが可能とされたものです。また信仰において互いに語り合う言葉の中に、神からの語りかけを聞く謙遜をもつ人は幸いです。主は私たちが主において互いに呼びかわすことを望んでおられます。「どうか、忍耐と慰めとの神が、あなたがたに、キリスト・イエスにならって互いに同じ思いをいだかせ、こうして、心を一つにし、声を合わせて、わたしたちの主イエス・キリストの父なる神をあがめさせてくださるように」（ローマ一五・五―六）とパウロの心からのすすめに耳を傾けましょう。

㈣

「また、イエスはある所で祈っておられたが、それが終わったとき、弟子の一人が言った。『主よ、ヨハネがその弟子たちに教えたように、わたしたちにも祈ることを教えてください』」（ルカ一一・一）。ある聖書学者は、キリスト教会がイエスから直接受け継いで今日もなお私たちの信仰生活の中心にあるものは、聖餐式と主の祈りである、と言っています。主の祈りはそれほど古く、また大切な祈りとしてあらゆる公私の礼拝において用いられてきました。しかし時にはあまりにも安易に祈られることを案じたマルティン・ルターは「キリスト教会最大の殉教者がある。それは主の祈りだ」と言いました。主の祈りは主イエスが直接弟子たちに教えられた、主の教訓のすべてがこめられている最も深い祈りです。この祈りを真剣に祈ることによってどれほど多くの人々が勇気と慰めを得たことでしょう。主の祈りを「殉教者」にしないように、心から味わって祈りたいものです。

主の祈りは第一に緊急な、さし迫った（終末的）祈りです。この祈りを心深く祈り続けるとき、私たちは人生の危機的な問題に気づかされ痛みを感ずるとともに、また限りない希望の源泉をも提供されるのです。第二にこの祈りは共に祈る祈りです。これを心から祈る者は同時にキリストの体なる教会の一部とされています。この祈りは私たちに「父よ」と祈らせます。「父よ」と神を呼ぶことは独り子イエス・キリストのあがないのゆえに、私たちに可能とされたことです。キリストなくして「父なる神」もまたありません。キリストにまず私たちを結ぶこの祈りは、直ちに私たちお互いを結ぶ祈りなのです。キリストなくして「兄弟」もまたありません。キリストに結ばれて「われらの父」と、となえ得ることは何よりも大きな喜びです。この「われら」の中には友も敵も含まれていることは言うまでもありません。それゆえ「われら」の祈りはキリストの教えの要約なのです。

主の祈りはこうした二つの性格をもちつつ、二つの部分に分かれます。第一部は「御名」「御国」「御意《みこころ》」の祈りです。日本語の祈りには明らかではありませんが、原文には「あなたの」という語があります。神の名、国、意《こころ》が尊重されなければなりません。神についての祈りのない祈りは人間本位のわがままにすぎません。神について祈ることができるという事実が、人間にとって救いなのです。神のあわれみなくして人の救いは不可能だからです。大切なことは私が立つことではなく、神が私によって御自身を立てたもうことだけです。かくて初めて人について、「われわれ」の祈りが意味と位置を得てくるのです。私たちは「われわれ」の現在（今日のパン）について、過去（罪）について、未来（誘惑）について祈らざるをえません。それは私たちの願いをすべて知りたもう神の思いを、主キリストによって知らされているからです。

㈤

「神の言は生きていて、力があり、もろ刃のつるぎよりも鋭くて、精神と霊魂と、関節と骨髄とを切り離すまでに刺し通して、心の思いと志とを見分けることができる」（ヘブル四・一二）。「主の祈り」を共同で唱えた後に「聖書朗読」がきます。先に礼拝の根本的な構造は「みことばの語りかけとそれに対する応答」であると申しましたが、「聖書朗読」では「みことば」の語りかけの面が最もはっきり出ています。「しもべ聞く、主よ、語りたまえ」（サムエル上三・一〇）とわらべサムエルが祈ったように、「聖書朗読」はみことばに聴くときです。

聖書に聴く、聴き方にはいろいろあります。ある人が聖書を読んで現代とは無関係な、非科学的な神話だ、というとき、その人は「科学的」という自分の色めがねで聖書を見ているのです。またある人が聖書には偉大な文学がある、聖書は立派な文化的遺産だ、というとき、その人は「文化的」という自分の色めがねで聖書を読んでいるのです。聖書を読むときだけでなく、何でも理解しようと思えば最初は自分の色めがねを通して見ざるをえません。誰でも自分の前提をもっているものです。しかし大切なことは、その色めがねがだんだんなくなって、聖書のめがねで見るようになることです。

ミレーの「晩鐘」という絵があります。その絵を見て、構図がどうの色彩がどうのということばかり見ていて、ミレーの心にふれようとしないならば、それは「晩鐘」を正しく見たことになりません。それと同様、聖書も聖書を書いた人々の心に応じて読まないで「科学的かどうか」とか「文化的価値があるか」とかいう問題意識で読んでいる間は、聖書が「生きていて、力があり、もろ刃のつるぎよりも鋭く」（ヘブル四・一二）魂に切り込んでくる事実に出合うことはできません。神の言《ことば》の力に打たれて、神の言《ことば》を証ししている人間の言葉は、人間の言葉でありながら、神の言《ことば》を私たちに示してくれるのです。聖書のめがねに従って聖書を読むことこそ、聖書を理解する道です。

聖書に聴く、ということはこのように聖書を読むことです。それは私の側を空しくして、虚心にみことばの語りかけを受け入れることです。神が「こうだ」と言われることを私が「そうだ」と受けることです。そしてそのことは直ちに応答の行為につながります。外国では聖書朗読の後で「アーメン」（しかり、という意味）と一同で唱える教会がありますが、すばらしいことではないでしょうか。私たちの礼拝では「応答」のわざは「祈禱」において行われるのです。司会者が祈る祈りは全会衆を代表しての、みことばへの応答と考えてよいでしょう。司会者の祈りにおいて自らも祈り、共々に「アーメン」を力強く唱えましょう。

司会者の祈りは二つの意味で皆の祈りを代表します。その一つは一同の代わりに祈ることです。信徒の生活の闘いにおける悔いと感謝が司会者によって神にささげられます。その二は、一同のために祈ることです。神の与えたもうゆるしのたしかさを信じてなす、とりなしの祈りです。かくて司会者の祈りは「祭司」の祈りなのです。そして私たち信徒が交互に「祭司」になりあうということの中にプロテスタント教会の本質もまたあるのです。

㈥

「主にむかって歌え、彼は輝かしくも勝ちを得られた、彼は馬と乗り手を海に投げこまれた」（出エジプト一五・二一）。

讃美歌はみ言葉への応答であり、この世に行われた神のみわざに対する応答であります。神の働きかけがあってこそ、讃美が生まれます。神なくしてどうして讃美が生まれましょう。神がいましたもうのみならず私たちに対して恵みのわざを行いたもうたゆえに、讃美は起こらざるをえないのです。しかもその讃美がリズムと旋律を伴って、共同して歌われるということに、礼拝の意味があるのです。「心を一つにし、声を合わせて、わたしたちの主イエス・キリストの父なる神をあがめさせてくださるように」（ローマ一五・六）とパウロも願っているとおりです。

聖書の中で讃美歌の最古のものは、出エジプト記一五章二一節の「ミリヤムの歌」と呼ばれるものです。ミリヤムとはギリシャ語ではマリアです。アロンの姉でエジプトからの脱出を喜び感謝して、タンバリンを打ち、踊りながらうたい、一同も和して踊った、といわれています。

ある学者がギリシャの文化とヘブルの文化を比較して、ギリシャでは空間的な考えが進み、芸術も彫刻など造形美術が発達したのに対して、ヘブルは時間的な考えが深められて、芸術もリズムを中心とする音楽が特に進んだのだといっています。ギリシャでは真理は静止しており、論理や観察によってそれに到達できました。しかしヘブルにおいては真理は今、ここで出合うものです。それは予断を許さぬ出来事です。それを知るのは信頼、信仰する以外にありません。こうして讃美歌は特に時間的性格をもったものとしてヘブルまたはキリスト教の独自な遺産となりました。

礼拝における説教前の讃美歌は次にくる説教への準備と期待を含んでいます。その主日の讃美歌は必ずその日に語られるべきメッセージに関係があるものが選ばれます。しかし礼拝の前半では全般的に神の栄光、主権が強調されますので（主の祈りの前半が神についての祈りであるように）始めの讃美歌も人間の経験に関する感謝や祈りの歌よりは、神の力・名・働きに関する歌が主として選ばれます。一―二一番や五三―九三番などはこの場合ふさわしい讃美歌でしょう。本来讃美歌は神の栄光の讃美にその目的があるのですからセンチメンタルな人情的な歌や主観的な体験を主題とするものは良い讃美歌とはいえません。その意味で十九世紀のロマンチシズム時代の歌よりは、宗教改革の時代や十七世紀頃または古代の讃美歌がもっと用いられるべきでしょう。「讃美歌信者」という言葉があります。讃美歌のもつ厳かな雰囲気や、時にはエキゾチックなムードに陶酔するだけで讃美歌の意味も歌詞の内容も主体的に受けとめない人々のことを言うようです。それも悪くはないかもしれません。しかしそこに止まっているだけでは遂に讃美歌とは無縁のまま終わるでしょう。どの讃美歌にも作者の信仰告白がこめられていることを憶えて自らの信仰告白をもって歌うようにしたいものです。

㈦

礼拝には二つの大きな山があります。その一つは説教であり、その二は聖礼典であります。説教が「聞く御言《みことば》」であるとすれば、聖礼典は「行う御言《みことば》」であるといえるでしょう。

説教は聖書の場合と同じく、人間の言葉でありながら神の言葉となるという性質をもっています。説教は罪人としての一人の人間によって準備され、語られます。その限りでは説教もまた誤謬を含んでいますし、語る人の主観や思想が混入していることは当然のことです。しかし説教者のつとめは与えられた聖書の言葉をできるだけ正確に聖書の語るままにその意図を明らかにすることです。私たちはキリストの福音を聴くべきであって誰かの人生観や思想体系や体験談を聞くべきではありません。そのキリストの福音は聖書に記されている使徒と預言者の証言を手がかりにすることによってだけ、私たちのもとにもたらされます。したがって説教とは本来聖書の、ときあかし（講解説教）以外にはないといえましょう。

説教者は聖書のときあかしに骨身を削らねばなりません。私自身充分なことが決してできていないのですが、くり返しこのことを努めてまいりたいと願っています。それにしても人間ですから、福音以外のことが混入することは容易に想像されます。そういうものがどうして神の言葉として聞かれるでしょうか。バルトという人は「主日には牧師はあたかも当然神の言葉を語り得るかのごとく、会衆はあたかかも当然神の言葉を聴き得るかのごとく礼拝に集まって来る。それはグロテスクな状況である」と言っています。誤りにみちた人間の言葉が神の言葉となるとはどういうことなのでしょうか。

それはただ、説教の内容であるキリスト御自身のとりなしと、聖霊の働きによる以外には起こり得ない奇跡なのです。ですから語る者も聴く者も、「御言葉のみが伝えられますように」と祈らねばなりません。語る者は謙遜に語ることに責任があります。聴く者は謙遜に聴くことに責任があるのです。このような祈りのないところに神の言葉は決して語られないでしょう。

かつて地区の連合の教会学校教師会が開かれたとき、ある教会学校の小学科三年担当の教師（学生のようでした）が、「真剣な汚れのない子どもたちの瞳を見ると、とても自分など説教できない気がする」、とのべた時、別の教会学校の幼稚科の教師が言いました。「自分自身がその聖句に感動していたら必ず語れるはずです」と。

この言葉はまことに平凡ながら私にとってはまさに天啓的でした。いつもこのことを思って語る準備をしたいものです。

(八)

神の語りかけと人間の応答という礼拝の根本構造に従って、説教の後には「祈禱」が続きます。この祈禱は聖書のときあかしによって明らかにされた、今ここに生きる私たちへの喜びの音信《おとずれ》に対する感謝であり、新しい生に向かう決意の表明であり、さらにはその決意を御意《みこころ》に従って実現にもたらされる神の助けを求める祈りです。

しかし、ここで説教者が祈ることにどういう意味があるのでしょうか。説教者は会衆に御言葉をとりつぎつつ、実は彼自身御言葉のもとに立つものであり、会衆と等しくその御言葉にさばかれ、かつ救われなければなりません。説教者はここで自ら御言葉のさばきと祝福に会衆と共に与《あずか》っていることをあきらかにしているのです。したがって、この祈りは彼自身を含めた全会衆の祈りなのです。

「黙禱」がその後にくることに注目しましょう。この「黙禱」は説教者の祈りに続いてさらに自分一人の言葉で、今一度語られた御言葉に応答し、さらに特別に「私」のもつ問題にかかわる福音を感謝する祈りの時です。場合によっては「今日」の説教で直接とりあげられなかった問題もあるでしょう。しかしその問題に対しても主が恵み深く配慮したもうことは事実ですし、それを思って私たちは祈りましょう。主の御指示を待ちつつ祈るのです。

さて、そのような祈りの後に「讃美歌」を歌います。この讃美歌は大体その日の説教の内容にふさわしいものがいつも選ばれているはずです。私たちは今聞いた福音に対して一つの心と一つの口をもって応答するのです。日本の教会の礼拝の讃美歌はどうかすると、ダラダラと歌われる傾向があります。讃美歌はその内容にふさわしい歌い方を必要としています。ナメクジがはうように、キリストの復活の讃美歌を歌ったりしてはなりません。讃美歌もまた信仰の告白なのですから、心を込めて歌いたいものです。

「献金」は神への感謝のささげものです。ある教会では「献金は古代の宗教的権力者の民衆から搾取した制度のなごりだ」といってやめてしまい、「カンパ」にしたそうですが、献金はある人間の思想や運動に賛意を表して集めるカンパとはまったく異なっています。それは献金を人間中心に考えています。献金は徹頭徹尾神への感謝の供えものであって、牧師の給料のためではありません。献金はそれゆえどんなに多額のものであっても、神の前で「レプタ二つのささげもの」以上であるはずはないのです。またどんなに少額であってもソロモンのいけにえにまさる供物なのです。神の恵みに対する謙遜な感謝でない献金はありえないのですから。

(九)

私たちの教会は毎月一回、原則として第一主日に聖餐式を守ります。ローマ・カトリック教会では主日毎に行いますが、プロテスタント教会では普通一年に三度か四度行えばよい方です。それでも多いという人もいますし、ある人々は礼典をまったく認めようとしません。これはいったいどうしたことでしょうか。回数が少ないのは聖餐式を軽んじているからでしょうか。いや、重んじるからこそ、軽々しく守らないのだ、という人もいます。しかしそういうものの、どこかに聖餐式はやはり儀式にすぎないので、大切だけれども、もっと精神的なものの方が大事だ、という一種の精神主義がひそんでいないでしょうか。といって大切だから回数を増せばよいというものではないと思います。

さらに聖餐式は礼拝に出席している信者と未信者を差別するいやな習慣だ、という感情もなくはありません。聖餐式のたび毎にクリスチャンでないことをあてつけがましく知らされるようで困るという気持が、求道者の中になくはないでしょう。いっそのこと教会に来ている人は誰でもあずかれるようにはできないものか、礼拝にまで差別を造り出すような教会の規則など改めればよいではないか、さもなければ無教会のように、きれいさっぱりなくしてしまった方がよい、と主張されるかもしれません。

しかしこれらの論議はどこからきているのでしょう。もし私たちが真剣に聖書に聞きさえすれば、このような精神主義、主観主義、便宜主義そして結局は人間中心主義から解放されて、聖餐式こそまさに福音そのものであることに気づくのではないでしょうか。

聖餐は主イエスの制定されたものです。しかも、十字架にかかりたもう前夜、限りなく深い思いをもって、自ら選ばれた十二人の弟子たちに、新しい契りとして結ばれたものです。その契りの内容は、御自身の肉を裂き、血を流すことによって、私たちの罪をゆるし、神の国を約束してくださることでした。聖餐はイエスとの永遠の契りである以上、それに与《あずか》る者の側には、責任ある信仰の応答が要求されているのです。それは信者と未信者を差別する儀式ではなく、信仰を言い表して、進んでイエスとの契りに入るための、招きの場なのです。求道中の方はこの時、信徒の方同様に招かれていることを忘れないでいただきたいのです。

パンとぶどう酒は、キリストの言葉によって（ルカ二二・一七―二〇）御自分の肉と血であるとされました。ローマ・カトリック教会はこのことを文字どおりにとって、ミサにおいてパンとぶどう酒は実質がキリストの肉と血に変化すると主張されて、それは永遠の生命を宿す神の薬であるといわれるのです。しかしうっかりするとここには信仰を抜きにした魔術的なものが入り込んできます。キリストの恵みの客観性を主張したい動機はわかりますが、しかし恵みは信仰をもって受けとられなければなりません。カルヴァンはそれゆえ、パンとぶどう酒においてキリストは霊的に現在すると言いました。信仰をもって霊的にキリストの体と血とに与《あずか》ることがなければ、恵みは私たちの生きた力にならないでしょう。しかし同時に、キリストの肉と血に与《あずか》ることの現実性が大切です。「人の子の肉を食べず、また、その血を飲まなければ、あなたがたの肉に命はない」（ヨハネ六・五三）、「わたしを食べる者もわたしによって生きるであろう」（ヨハネ六・五七）といわれているように、キリストの肉と血に与《あずか》るのは、キリストと等しく生きんがためです。その卑賤において、またその栄光において、このような祈りが聖餐式に含まれていることを憶えましょう。

聖餐式のもう一つの大切な意義は、「だから、あなたがたは、このパンを食し、この杯を飲むごとに、それによって、主がこられる時に至るまで、主の死を告げ知らせるのである」（Iコリント一一・二六）というパウロの言葉の中にあります。聖餐式は主の死を告げ知らせるものです。すなわちキリストの十字架の死と苦しみを告げるとともに、「父よ、彼らをゆるしたまえ、そのなすところを知らざればなり」というとりなしの愛を語りつげているのです。「わたしを記念するため、このように行いなさい」（ルカ二二・一九）と命ぜられたイエスの言葉に従って、私たちは悔い改めと祈りと感謝をもって聖餐に接するのです。

しかし同時にそれは「主がこられる時に至るまで」守られ続けられるべきものです。ここには主の再臨が待望されています。復活の主が宣べられ、終末の希望が語られています。主の来りたもう日、その日は世の終わりの時であり、審判の日であります。ある教会では最後の審判を中心的教理として重視し、すでに第一次世界大戦中にキリストは再臨してヨーロッパのどこかにおられる、とさえ説いて、緊急な悔い改めを迫ります。しかし最後の審判の日は破壊の日ではなく、完成の日です。十字架と復活によって始められた新しい生命の秩序の完成の日であり、それは私たちにとって希望の対象にほかなりません。十字架における審判を抜きにした最後の審判は決して聖書の語るところではありません。キリストの愛による悔い改めではなく、脅迫による悔い改めは、神の聖旨ではないはずです。最後の晩餐は「神の国で新しく飲むその日」（マルコ一四・二五）の先取りであり約束であります。そのように私たちの聖餐は希望に溢れたものなのです。

「頌栄」と「祝禱」をもって礼拝を終わることとは、代々の教会が行ってきたことでした。特に頌栄のある歌のごときはローマ帝国が皇帝礼拝を強要し、キリスト教会に対して激烈な迫害を加えていたとき、「栄光は誰のものか、誰を礼拝すべきか」という切迫した問の前で、「父の御神に、み子に、きよき御霊に、むかしながらの御栄あれや、ときわに、アーメン」と歌いつつ、キリスト者たちが円形劇場の猛獣の群れと火の中に身を投じて行った、かの殉教の血を留めているのです。その頌栄に、今日も私たちは置かれている状況で、全身をもって参加し唱和していきたいと思います。

「祝禱」をお葬式の時にもやるのですか、とある人に聞かれたことがあります。しかしやはりそれは常に「祝禱」でなければなりません。「キリスト・父・霊」という順序で祈られることに大切な意味があります。キリストあっての祝禱だからです。この祝禱は神から出るものであって牧師から出るものではありません。この祈りとともに神の国に向かっての新しい闘いが始められるのです。

説教 ——大学礼拝——

真理との対話

「こうして、わたしたちはもはや子どもではないので、だまし惑わす策略により、人々の悪巧みによって起こる様々な教の風に吹きまわされたり、もてあそばれたりすることがなく、愛にあって真理を語り、あらゆる点において成長し、かしらなるキリストに達するのである」（エペソ四・一四—一五）。

今日の世界の状勢を見ますと、私たちはここにもかしこにも、いたる所に分裂が起こっている現実を見るのであります。それは東と西との分裂、また最近は北と南の分裂というふうにも言われるようなことが起こっています。一つの国の中で左と右とが分裂する。こういうような分裂の時代は、おそらく昔からあったのでしょう。けれども、現代に生きる者として、今日ほど分裂が激しく、かつ溝の深い時代はないのではないかと思わされます。しかしながら、私たちはこういう外側にあるところの分裂に気づかされると同時に、またわれわれ個人の中における分裂をも思わざるをえないのです。

ある社会評論家が書いた書物の中に、面白い挿し絵がありましたが、それは「老婆と死刑囚」という絵なのです。この絵の老婆は死刑囚の歯を折り取れば、その歯はお守りとなって長寿を全うすることができると信じているのです。老婆は、自分の余命いくばくもないことを知り、なんとかこの死刑囚の歯をもぎ取ろうと、死刑囚の口の中に手を突っ込んでいます。けれども、いかにも死刑囚の顔が不気味であり、恐ろしいのでその老婆は顔を背けて手だけを伸ばしているというような絵なのです。とにかくこの一つの絵に象徴されていることは、人間のやはり分裂ということではないかと思われます。自分の欲望と現実ということとの矛盾、自分の内と外との矛盾、自分の中にこのような矛盾が起こっているということは、個人的レベルでの分裂という事実を意味しています。そして、また世界的、社会的レベルでみましても、分裂の事実はいたるところに見られると思います。

結局こういう世界に求められているもの、欠けているものは何であろうかと申しますと、それはほんとうの意味での対話ということではないでしょうか。対話というものは、これは一人であったらできないものであって、二つの者が集まることにより初めて対話することができるのです。対話はモノローグとは異なり、決して一つの世界からは生まれないのです。自分と他者とが異なっているということを前提にして対話というものが生まれてくるわけなのです。けれども、この二つが全然異なっているならば、これまた対話が起こらないわけです。異なりながら、なおかつ二つを結ぶ何ものかがあるというところに対話の可能性があるのではないでしょうか。さらにそうした対話というものを考えるときに、持続性、持ち続けていく持続性ということを思わなければ、どうしても対話ということは出てきません。ですから、気短な人間は対話をすることができないのです。

対話ができるということは、そこに何らかの忍耐と持続性を備えているということになります。こういう持続性を深くもつところのほんとうの対話というものは、いったいどういうことから可能となるのでしょうか。この世界の、またわれわれ自身の中にあるところの分裂を克服するものとしての「対話の奇跡」というものは、いったいどういうところから生まれてくるのでしょうか。先程読んでいただいた聖書の一節から、私はそれはまさに真理との対話からであるというふうに思うのであります。真理との対話、それが存在するところに真理における対話が成立するのです。真理との対話のないところには、いくら対話を起こしてみても、非生産的な空回りをするばかりです。けれども、相手と自分とがそれぞれ真理との対話を続けているときに、たとえ両者の立場が異なり、どんなに条件が異なっていても、互いに真理との対話を続けている者の間には、真理における対話が生まれてくるのであります。そしてそれは、必ずや持続性をもって一つなる世界へと成長させてくれるものであるというふうに思います。そのような持続性のある対話というものは、別の言葉で言うならば、愛ということではないでしょうか。

聖書には「愛にあって真理を語り」と書かれております。

自分の立場は真理である、私の言うことは間違いない、ということが一つの固定観念になっているならば、その人の中にはほんとうの対話の姿勢がないわけです。自分自身が、あるいは誤りがあるかもしれない、また自分自身の思想、自分自身の生き方の最後のところに、あるいは誤りがあるかもしれない、という一つの破れをもって真理を追い求めているという、真理との対話の姿勢がないならば、それは他者との対話を生み出してこないのです。つまりは、真理における対話には決してならないのです。私たちはしばしば、私は真実である、というような固定観念をもち、これが真理だと断定しているものによって排他的に語るがために、人を切る、人を切りさいなむ、というふうなことになってしまうのです。ほんとうの真理であるならば、決してそれは人を切るというふうなことではなくして、むしろ人を癒やしていくものであるはずのものです。人を切るだけで終わるようなことであるならば、それは自分の立っている場所そのものが、実は真理ではないのではないか。そのような意味で、私たちの中にある破れというもの、これが大変貴重なものなのです。

学問の世界においても、最も軽蔑すべきことは何かと言いますと、自分の持っているところの一つの前提、それによって体系をつくるところの一つの前提、それにしがみついてそれを固定観念にまで高めているということ、そういう学問ほど軽蔑すべき学問はないと思うのです。自分の前提にも、あるいは誤りがあるかもしれないという破れをもつところの学問、そこにこそ、その学問がほんとうに真理を指向して行われているところの学問である、という証しがあるのではないでしょうか。このような意味で

「愛において真理を語る」ということがどんなに大切なことか、そしてまた、ほんとうに真理を語るとするならば、それは必ずや愛につながっていなければならないということが教えられます。人を切るのではなくして、人を癒すところの真理がまことの真理であるということになるわけです。そのような対話の中で、両者は成長します。全き者へと成長します。「あらゆる点において成長し、かしらなるキリストに達する」と聖書に書かれています。そのような真理を語る対話の中からのみ、われわれは成長していくわけです。

一週間前の今日は、アメリカにおいてマーティン・ルーサー・キング牧師が暗殺された日です。私はキング牧師との個人的な面識はありませんけれども、いくたびか手紙をやりとりさせていただいた経験があります。そのような意味で、キング牧師の死は私にとりましても大きなショックであり、悲しみであったわけです。しかしながら、同時にキング牧師の遺された偉業は、歴史の中におそらく永遠に残る大きな一つの真理のしるしであったのではないかと思うのです。私はこのような偉業を遺して亡くなられたキング牧師を、心からの尊敬とまた感謝をもってその死を思わざるをえません。私たちの大学の経営学部のクランメル先生と、それから文学部の綛川《かせがわ》先生とが編纂された、*STRIDE TOWARD FREEDOM* というキング牧師の自伝がありますが、それは岩波新書に翻訳されて、『自由への大いなる歩み』というタイトルで出版されています。この書物をぜひお読みになるといいと思いますが、その書物の中にこんなくだりがあります。それはアメリカのモントゴメリーのバス・ボイコット運動をキング牧師が指導するようになってからのことです。黒人たちがすべて自分たちの乗用車を都合しあって、プール制をつくり黒人を差別するバスには乗らないということにしたのです。黒人たちはこのプール制によって通勤するといった、そういうシステムが一年有余続いたわけです。その時に、ある黒人で自分の乗用車を運転していた人が、道路でお婆さんがテクテク歩いているのを見て、「お婆さん、自動車に乗りなさいよ。歩くことはないさ」といったところ、そのお婆さんが言うのには、「私は私自身のために歩いているんじゃないよ。私は私の子どもや、私の孫のために歩いているのさ」と答えて、家に向かって徒歩で歩き続けていったとのことです。老婆は往復十二マイルほどもある道を歩いているのですが、それは自分のためにではなくして、自分の子どもや孫のためであったということなのです。このような黒人の老婆の姿勢の中に、私たちは真理を追い求めてやまない、持続性をもって真理を追求していくほんとうの姿勢が見られるような気がします。

キング牧師自身はアメリカの社会制度や、社会の構造を批判し、特にキリスト教会に対して鋭い批判を浴びせていますが、彼はバーミンガムにおいて警察に捕らえられたとき、そこの刑務所の中からこういう手紙を書き送っています。アメリカの白人の教会が、黒人の公民権運動に対して十分な協力を示さなかった事実、そしてマーティン・ルーサー・キング牧師の行為に対して、時には批判さえもしたという教会の態度に対して、彼は刑務所の中から手紙を書き送っているのです。これは現代における偉大なる獄中書簡だと私は思います。「深い失望の中で私は教会のふしだらに泣きました。しかし、私の涙は愛の涙であったことを信じてください。深い愛のないところに、深い失望はありえません。私は心から教会を愛しております。それ以外のことがどうして私にできましょうか。私は説教者の息子、孫、そして曾孫という立場にいる者です。私は心から教会はキリストの体であると見ています。しかし、社会的な無視と非同調者になることの恐怖によって、われわれはなんとこの体を汚し、そして傷つけていることでしょうか」。

このキング牧師の生き方は、真にこのような愛にあって真理を語るということではなかったでしょうか。われわれの社会の分裂、われわれ自身の中にあるところの分裂、それを癒やすものは、このような真理との対話であると思うのです。

生きる意味

「そこで、わたしが切実な思いで待ち望むことは、わたしが、どんなことがあっても恥じることなく、かえって、いつものように今も、大胆に語ることによって、生きるにも死ぬにも、わたしの身によってキリストがあがめられることである（ピリピ一・二〇）」。

ピリピ人への手紙というこの書物は、すでにご承知の方も多いと思いますが、キリストの使徒の一人であったパウロという人物の最後の手紙です。彼は年をとってからローマにあって迫害のために獄中生活をするようになりました。彼はそこで自分が今まで身を寄せたところの数々の教会のことを思い起こしながら、特にピリピ人への手紙を書き、彼らの教会に送ったのです。したがってこの手紙は、いわば彼の遺言のようなものとして考えてもよかろうと思います。ところが、そのような晩年に、しかも極めて悲しむべき獄中の生活という状況に置かれながら、この手紙は不思議にも喜びに満ちあふれているのです。数えてみますと、「喜び」という言葉がこの手紙の中には十五回も出てきます。そして、あちらこちらにパウロの差し迫った危機についての言及があると同時に、それを越えて余るところの喜びの調子もまた、非常に強く響いているのです。今読んでいただきました一節（冒頭の聖句）に、私はパウロの生涯の思いといいましょうか、一生涯彼が生きてきたすべてを、思いを込めて語った一節のような気がするのです。

すでに六十歳の半ばを過ぎていたと思われますけれども、パウロが切実な思いでなお待ち望んでいたことは何かといいますと、どんなことがあっても恥じることなく、大胆に語ることによって、生きるにも死ぬにもパウロの身によってキリストが崇められることでした。ここにパウロは、生きるにも死ぬにも立つべき場所が与えられました。しかし、この場所に到達するまでにはさまざまな苦しみを体験したことでしょう。使徒言行録という書物には、そういうパウロの伝道の苦しみ、あるいは個人としての苦悩というものが数多く描かれています。けれども、結局詮じ詰めて彼の最後の言葉は何であるかと言うならば、それはキリストがこの身を通して崇められるように、というこの一点に尽きるわけです。

今週の礼拝のテーマが「生きる意味」となっておりますけれども、生きる意味とは何であるか、生きる意味とはこういうものですよ、というような答えを私は持っておりません。しかし、私たちがこのパウロの手紙を味わいつつ読んでくるときに、彼の中に息づいているもの、あるいは彼の存在全体を支えているところの一つの力、それは喜びと光に満ちているところの力です。そこに彼が自分の生涯を傾け、それを追求し、それによって生きているということを思いますときに、そこに私たちの喜び、あるいは生きがい、あるいは確かさというものもあるような気がしてならないのです。

人間とは何のために生きるのであるか、一人ひとりそれぞれ違うと思います。けれども、最後の行き着く先は、結局何のために自分の生命を投げ出すか、ということでありそこに私たちの人生のいわば喜びと、また力のカギがあるのではないだろうかと思われます。

私は絵のことはさっぱりわからないのですが、あるところでこういうことを知りました。岡山県の倉敷に大原美術館がありますが、この美術館の設立の基礎を築かれた方で児島虎次郎という画伯がおられます。この画伯があるとき、大原美術館の大原孫三郎という方のお宅を訪ねられ、絵のことについてさまざま話されて帰られたときのことです。すぐその後で、ある客人が訪ねて来たのですが、応接間にはその児島虎次郎画伯の美術学校時代に描かれた、若い時代の作品が置かれてありました。そして側には大原孫三郎氏が深刻な顔をして座っていたのです。そこでその客人が、「どうしたのですか」と尋ねますと、「今、児島君が帰ったところだ、彼は涙を流しながら帰った」と言うのです。大原氏は、「彼はなるほど現代日本画壇の大家にはなっているけれども、要するにそれは小手先の技術である。ほんとうに生きたものがこもっていない。そこで彼の昔の絵をここに持ち出してきて、今の君はあの青年の時の純情さと、燃えるような情熱が失われている。君の描いている絵は死んでいるような絵だ。よくよくかつての自分の絵をながめて昔の君にかえるようにと勧めたのだ」といわれたそうであります。大原氏のお宅を涙を流して帰って行かれた児島画伯は、それから太陽のまだ昇らない朝まだきに起きて、長いあいだ冥想と想念をこらして絵の道に努力精進されたという話です。その後、児島画伯はその絵の領域を深めて大成されるわけですけれども、このような話を聞きますと、この児島画伯に対する大原氏の忠告というものの大切さを、私たちは何か心深く味わいをもって考えざるをえません。

人間の幸福というもの、人生の目的というものを、私たちはいろいろと追求しているつもりなのですが、ほんとうに命がけで闘う目標を実のところ持っていないのではないでしょうか。せんだっても、ラジオでくり返しくり返し、くどいほど歌っている流行歌の中に、「ぼくらのために世界がある」という歌がありましたけれども、世界はほんとうにぼくらのためにあるのだろうか。そんなことを誰がゆるしているのでしょうか。だいいち、ぼくらというぼくら自体、何という不安定なものでしょうか。むしろ私たちは、今ほんとうに生命をささげ、命がけでやるべきことを、真剣に求めるべきではないだろうかと、この流行歌を聞いて思ったのです。人間というものは、結局のところ自分の命の捨てどころはどこか、ということを考えて生きるものではないでしょうか。そのことが問題になっていないならば、まだ私たちがほんとうの意味で生きていない、ということになるのではないでしょうか。

かつてマーティン・ルーサー・キング牧師が、白人のテロリストに襲われ、自宅に爆弾を投げ込まれたとき、調査にやって来た白人の警察官を囲んで、怒りに満ちた黒人たちが手に手に棒切れや鎌などを持って集まり、きわめて危険な状態になったことがあります。その時、キング牧師は玄関に立ち、「白人の兄弟を愛さねばならない。憎しみに勝つ道は愛しかない。私自身はいつか倒れるかもしれない。しかし私たちの運動は、どこまでも続くだろう。なぜならそれは正しいからだ」と語って黒人を静めたといわれています。「自分は倒れるかもしれない。しかしこの運動は続く。なぜならそれは正しいからだ」。何という偉大な言葉でしょう。キング牧師はまた別のところで、「命をかけた仕事をもたぬ人は人生をもっていない」という意味のことをいわれました。私たちの状況はどうでしょうか。

私たちの人生の歩みを振り返ってみますときに、命の捨て場所を求める真剣な追求の姿勢、それがどういう形で私たちの中にあるのでしょうか、豊かな昭和元禄といわれるようなこの時代にあって、私たちのまことの人生の姿はどういうものなのだろうか、何のために生き、何のために死ぬつもりなのか。人生の意味はこの問いにかかっているのです。

この世と真理のために

「わたしは彼らに御言《みことば》を与えましたが、世は彼らを憎みました。わたしが世のものでないように、彼らも世のものではないからです。わたしがお願いするのは、彼らを世から取り去ることではなく、彼らを悪しき者から守ってくださることであります。わたしが世のものでないように、彼らも世のものではありません。真理によって彼らを聖別してください。あなたの御言《みことば》は真理であります。あなたがわたしを世につかわされたように、わたしも彼らを世につかわしました。また彼らが真理によって聖別されるように、彼らのためわたし自身を聖別いたします」（ヨハネ一七・一四―一九）。

現代における教会の使命とはどういうものでしょうか。いろいろと難しい議論もあると思いますけれども、私は今朝、このことを二つの点から考えてみたいと思います。その一つは、真理のために選び分かたれるということと、もう一つは、この世に遣わされるということです。先ほど読んでいただきました御言葉の中に、特に一七節にキリストが「真理によって彼らを聖別してください」と神に祈られております。聖別という言葉の意味ですが、これは何か清らかな倫理的に優れた人種に変質するとか、特別に修養を積んで徳の高い人間になるという意味ではなくて、これは真理との独占的な独一的な関係に入る、すなわち神との唯一の関係に生き抜くということを意味しています。他のものから区別されて神のものとされること、真理によって他のものから区別されて独立せしめられるということであります。

私は今年の二月上旬に折りがありまして、北海道に行くことができました。北海道の日本キリスト教団の牧師の方々の研修会があり、そこに招かれて伺ったわけですが、そこで一人の年をとった婦人牧師に出会ったのです。この方に初めて会ったのは、北海道に働いている私の友人がたまたまこの老婦人に「先生、お痩せになりましたね」と言葉をかけられた時です。そこで私は、この本当につつましく静かなもう髪がまっ白になっておられる老婦人が牧師先生であると気がついたわけですが、「痩せました。先月、胃癌の手術をいたしまして、まだ充分回復しておりませんので」という答えでした。和服を着ておられ、いかにも腰の低いすべてにおいて落ち着いた感じが見られる婦人牧師で、いわゆるチャキチャキ型のやり手の牧師とはおよそ縁の遠い、何かしっとりと心に入ってくるような雰囲気をもつ方でした。この方がしかしながら真理によって聖別されて、キリストの言葉のために生命をかけて生き抜いた牧師であったと知ることができたのは、それから三日めでした。

私たちは三日めに牧師先生方とともに、ある聖書のテキストに基づいて、これから何が語られるだろうか、このテキストによってどのような説教をすることができるか、というゼミナールを開いていたのですが、その時にたまたまこの老婦人牧師が発題をされたわけです。「時は満ちた、神の国は近づいた、悔い改めて福音を信ぜよ」という言葉に基づいて、どのような説教をすることができるだろうか。その時にこの先生は、名前を言って差しつかえないと思いますが、内田ヒデという小樽末広教会の牧師で、戦争中の体験を語られたのです。神の国は近づいたという言葉、この言葉を額面どおりに受けとるという場合、戦争中どんな困難に直面することであったか。われわれが想像もできないような迫害を先生は受けられたのです。

この内田先生はある牧師の妻でした。六歳の子どもを抱えて夫に死別され、その後自ら牧師となって、ご主人の後を継がれたわけです。一九四三（昭和十八年）にキリスト再臨説を強調するこの教派が、日本の国体の悠久ということと矛盾をすると言われ、日本の国体は永遠に続くのであって、キリストの再臨によってさばきを受けるようなものではない、という国家主義哲学の立場から、この先生の属しておられる教会は非常な迫害を受けたのです。憲兵がやって来まして「天皇陛下とキリストとどちらを拝むのか」と、このような問いでこの先生を苦しめたのであります。

そして先生は治安維持法違反という罪で四年の刑を科せられ、六歳の子どもを近所の家に預けたまま着のみ着のままで家を出られました。刑務所に入れられ、「天皇陛下の軍隊と警察にたてつく気であるか」と、何度も聞かれましたけれども先生は「しかしながらキリストは、神の国は、必ず来るのです。聖書の御言葉は、神の約束であります。日本の軍隊もまた警察も、キリストのさばきのもとにある、ということには違いはないのです」。こう言わざるをえなかったのです。そのために、先生は釈放されることなく、遂に日本の敗戦の日まで刑務所におられたわけですが、裁判のときに弁護士が「母を待って、夕暮れに知人の家の門口に立って、すすり泣いておる幼な子のためにも、この婦人を釈放していただきたい」と何度も願ったそうです。しかし内田先生は、遂にその言葉を翻さなかったのでした。「主よ戦いたまえ、主よ戦いたまえ」というのが内田先生の祈りであったと聞かされたのです。

そののちそのゼミナールの終わった後で、いろいろと皆さんが感想を述べられたのですが、内田先生はその時に「皆さんは、私を、さも信仰の強い人間のようにおっしゃいますけれども、とんでもないことです。私は何遍転向書に署名をしようとする気持ちになったかしれません。子どもが可愛そうだったしね。けれども、主イエスの愛を裏切ることはどうしてもできませんでした」。このように語られて「とにもかくにも、我慢ができたのは、まったくキリストの恵みによるものです」と謙遜に語られました。今日、先生は小樽において、僅か十数人の教会員とともに、神を礼拝し真理の御言葉に聖別されて、国と世界がいかなる歴史的運命のもとにあるか、御言葉に聴きながら伝道しておられるのです。

私は、教会の一つの使命は、今日そのような真理のために聖別されて、キリストにのみ仕えることによって、この世のいっさいの権力を相対化し、特に人間を非人間的にするところのあらゆる力に対して抵抗していくことであろうと思います。まず何よりも真理の御言葉によって聖別されるということ、キリストにのみ従うということ、この独一的な関係が教会においてこそ、告白されなければなりません。そこにこの世の悪しき権力の相対化が行われる。そこにこそ、私たち、歴史的に生きる人間の豊かさというものが、約束されているように思うのです。いま一つの問題は「あなたが私を世に遣わされたように、私も彼らを世に遣わしました」というキリストの言葉です。キリスト御自身が神からの使者であります。「遣わす」というこの言葉は、キリストの使徒、apostles という言葉の元の言葉ですが、使徒は遣わされた者であり、この世のために遣わされた者です。真理に聖別されながら、その事ゆえにこの世に仕えていく者とならせられるのです。

大変個人的なことを言って恐縮ですが、話を具体的にするために、私の経験を話させていただきますと、私はすでに十数年、川崎の臨海工業地帯の小さな二十数人そこそこの教会の責任を負わせられておるのですけれど、地域の母親たちの要求に応えざるをえなくなりまして、この四月から小さな保育園を開くことになりました。そして最初は、三、四名、とにもかくにも取り敢えずお預りしようということでお預りしたところが、われもわれもというわけで、いや応なしに今はもう二十三名になってしまったのです。私は、十数年間この地域で伝道してきましたけれども、臨海工業地帯の大企業の下請けをやる中小企業の従業員がぎっしりと詰めこまれて居住しているこの地域で、私の教会というものがいかに地域に遣わされていなかったかと、この時になって、十年以上も経って初めて知らされたのです。

保育園に来る子どもたちのお母さんたちとふれあって話を聞きますと、ほとんどの方々、二十三名の内の二十一名までが、四畳半に四人とか、六畳に五人とかという一間住まいです。アパートの中にぎっちりと押し込められて、父親、母親、そしてこのいたいけない子どもたちが生活をしている。そのすぐ廊下を隔てて向かい側は夜勤を終えて疲れ切って帰って来た、中年の方がいびきをかいて寝ている。子どもは小さな部屋で抑圧された気分をなんとかしたい。そこで、わめき叫び、遊び始めます。それが睡眠の妨害になって、廊下を隔てた後方の部屋から「うるさい！　でてうせろ！」というような言葉が聞こえてきます。子どもはそれを聞いて縮み上がってしまって母親にしがみつく。そのような状態が一軒や二軒ではなく、地域として起こっている。こういう現実に私たちはふれさせられ、いったい、私たちの教会は今まで何をしていたんだろうか。世に遣わされるものとしてあるべき教会が、何という怠惰に今まで流されていたんだろうか。大きな反省とともに、私たちは本当に小さな奉仕でありますが、このことを続けているわけです。わずか九坪そこそこの小さな礼拝堂を開放して、そこに子どもを集めるわけですが、四畳半、六畳の世界しか知らない子どもたちにとって、九坪という空間はまるで天国のように感じられるらしくて、力いっぱいに遊んでいます。小さな経験ですけれども、ほんとうにこの世に根づいて、この世の問題を担って、この世に遣わされて生きる教会。そういうものの姿にどうにかこうにかふれつつあるとかすかに感じまして、私は今、何とも言えない喜びに心を打たれている次第であります。

一つの問題は、真理によって聖別されること、いかなる時代の権力が押し寄せてきても、イエスが主なのだ、神こそがすべてのすべてにましましたもう、ということを告白するとともに、キリストがまた、人間として遣わされ、最も低く、最も卑しくその生涯を終わりたもうたように、教会もまた、主の御足跡に従って、最も低く、最も卑しく、この世の問題を担っていくべく遣わされているものである、ということを学ぶのです。

真理によって聖別されるとともに、この世に遣わされること、それが今日の教会の使命ではなかろうかと思います。

こころの貧しき者

「こころの貧しい人たちは、さいわいである。天国は彼らのものである」（マタイ五・三）。

私たちが新約聖書を初めて読もうとするときに、まず開巻第一頁に目を止めますと、何か新しい薬の広告にでてくるようなカタカナの名前がぞろぞろと並んでいるのを見ます。するとたちまち辟易してしまい、もはや聖書は読むべきものではないというふうに思って、聖書を閉じてしまい、あとはただ「積《つ》ん読」ということになりがちです。けれども、しばらく我慢をして聖書を読んでいくうちに、マタイによる福音書の五章、六章、そして七章という箇所に出合います。この三つの章は、特に「山上の説教」

といわれ、イエスが弟子たちを中心に、群衆に対して山の上から語られた言葉が、特に集約的に集められてある箇所です。聖書の中にはいろいろと気に食わないところがたくさんあると思います。けれども、「山上の説教だけは心にしみるものがある、自分は山上の説教が一番好きだ」という人が多くありますわけです。特に、これが聖書の中心的な箇所だと受けとり、それによって自らの思想を打ち立てていった人もいるのように「山上の説教」は聖書の中の最も愛好されるところですが、しかしながらこれを丁寧に読んでいくときに、そこには実に多くの躓きがあるのです。私たちはここで、まずこの最初のイエスの言葉を学ぶわけです。「こころの貧しい人たちは、さいわいである。天国は彼らのものである」。いったいこころの貧しい人とはどういう者であるのか、考えさせられる言葉です。さらにまた四節を見てみますと、「悲しんでいる人たちは、さいわいである、彼らは慰められるであろう」。ここでも私たちは困惑を感じるわけです。あるいは一〇節を見ても、「義のために迫害されてきた人たちは、さいわいである」。これはいったいどういうことなのでしょうか、一一節、一二節を見ても、私たちはそこに大きな困惑を感じるのであります。

イエスの山上の説教をはじめ、その他に書かれている言葉においても、しばしば逆説がもちいられています。しかしこの逆説の中に、いわば深い人生の真理が隠されているのです。心の貧しい人たちとはどういう人たちなのでしょうか、むしろここでは心の豊かな人たちこそが幸いだというべきではないのか。私たちはこの点で思いを深く、イエスの逆説の中に沈めていかなければならないと思うのです。

いろいろな解釈があると思いますが、私は心の貧しき者ということの言葉の中に、三つのことを考えてみたいと思います。その一つは、自分自身に満足しない人ということです。自分の現状というものを決して良しとしない、絶えず自分の人生というものを未来から考え直そうとする人のことです。私たちは、静止状態の中で、いつの間にか自分の生活に垢のようなものが溜っていきます。そういうものがだんだんと過去に積み重なっていくとき、私たちはそれにあぐらをかいて、つまり過去の業績をもって自分の支えと考え、それにあぐらをかいて、自ら現状を良しとしてしまうものです。そういう私たちになりがちですけれど、心の貧しい者はいつも自分の人生というものを未来から捉え直します。今この現状では決して良しとはいえない自分である、ということを知っている人です。絶えず未来に向かって心が開かれて、たらない自分であること、無知なる自分であること、そして弱い自分であることをくり返し思いつつ、未来に望みを置いて、未来から自分の人生を生きようとしている人、こうした人がこころの貧しい者ではないかと思うのです。

もう一つは、それゆえにこのような人は、この世の何ものをも頼りにしない人です。財産とか、社会的地位とか、名誉であるとか、あるいは家柄であるとか、何かそれにあぐらをかくことができるもの、それに依存すればエスカレーターに乗っかったように、スーッとある一定のところまで行くような、そういうものに寄りかかろうとは決してしない人です。

さらにもう一つは、小さなこと、取るにたらない小さなことに大きな感謝を見出す人ではないでしょうか。ふつうの人がなんでもないこととして見逃してしまうそのことの中に、人生の大きな喜びと感謝を発見することのできる人、こういう人たちが心の貧しい人たちという言葉でいわれているのではなかろうかと思います。

けれども、私は最後にそれらのことをまとめて、特にイエスの意図されているところを汲みながら考えてみると、心の貧しい人というのは、一生涯一つの祈りをもって生きる人間である、ということではなかろうかと思うのです。自分の人生において一つの祈りをもって、いわば祈りを中心として、祈りにいつも自分の人生を集約していく人、そういう人が心の貧しい人という言葉で表されているのではなかろうか。そのような人たちは、外面的な祝福、外面的な幸いではなくして、神から与えられるところの、そしていつも絶えることのない、亡びることのない内的な泉のように湧き上がり、溢れてくるところの力と祝福を経験するはずであります。それが幸いであるといわなければならないと思うのです。

「天国は彼らのものである」といわれています。この天国は、私たちが死んでから先にどこかに集められて、そこで祝福に与《あずか》るといったような意味で用いられているのではないのです。他の福音書では、「神の国」と書いてあります。天国とは神の国です。それは神が主権を執りたもう国であります。人間の思いが支配するところではなくして、神が支配するところの国です。したがって、それはこの地上においても、私たちがその祝福を味わうことのできる国なのです。神が支配したもうそこに、まことの祝福があり、その祝福に与《あずか》るところの者は心の貧しい者であるということができるのです。

ここで、具体的な例を一つとってお話しすると問題がはっきりすると思いますので、ある個人的な体験をお話ししたいと思います。私は川崎の東部にあたる海岸に近い工場街の真中の、小さな、ほんとうに小さな教会の責任をもっています。その私たちの教会に一人の信徒がおりますが、この方はひどいアルコール中毒にかかった経験のある人です。この方は、ある大手の鉄工会社に就職したときに、自分が旧制中学を中退したことを正直に履歴書に書いたわけですが、そのとき同じくこの会社に入ったもう一人の人は旧制中学卒業という資格で、いわば履歴を偽って入社したわけです。それは結局そのまま通ってしまい、十年、十五年と経つうちにこのことが画然とした差となって現れてきたのです。片一方は役職がどんどん早く進んでいくルートに乗っかったのに対して、自分の方は依然として平工員であるそのことが、心に大きな障害となり、彼はアルコールに憂さ晴らしを求めたのです。けれども、ついにその酒が昂じまして、もう取り返しのつかないひどいアルコール中毒になってしまったのです。

そのことが仕事の上にも迷惑がかかり、彼はついにある神経科の病院に送られたのですが、それは鉄格子の入った錠の掛かる病院だったのです。言うなれば、この世の敗残者のような、アルコールによって身も心もボロボロにしてしまった人たちが集まってくる病院なのです。そこに四、五十人の人たちが一緒に療養していたのですが、午後になると単純作業をさせられるのです。それは少年雑誌の付録に、ホッチキスでパチン、パチンと針をとめる作業です。そして仕事の出来高に従い、この人たちはその日のおやつをもらえるという仕組みになっていたのでした。みんながおやつをもらうことを期待しながらその作業をしていたときに、アルコールのために手も足もブルブルふるえてものも言えない一人の老人が、たまたま彼の横に座ったのです。この老人は、そのグループの人たちからバカにされていた人で、いつも作業はなかなかおやつをもらうだけの分量に到達しないのです。一所懸命に作業をするのですが、その老人のことを誰もかまってやりません。見るに見かねた彼が、自分の出来高をほとんどその老人にやってしまい、それを「持ってけ、持ってけ」といって与えたのです。老人はそれを持って行き、今までもらったことのないほど多くのおやつを袋に入れて帰って来ました。その老人は、もうれしくて、うれしくてものが言えないような表情なのです。

その晩のこと、消燈の後、彼の枕元でガサガサと音がしているので、何事かと彼が目を覚まして見ると、くだんの老人がちり紙に塩せんべいを二枚包んで来ていました。闇にまぎれて彼の枕元にやって来たその老人は、ものが言えないままに、昼間のお礼を言うために来ていたのです。老人はペコペコと頭を下げながら、せんべいを二枚もって感謝の意を表しに来ていたのです。その老人の心に、その老人のまことに慎ましやかな感謝の表現に、彼はほんとうに心を打たれたそうです。そのとき彼は老人のブルブルふるえる手を取り、両手で握りしめて言ったのです。「お互いに人間の屑のようになってしまったこの俺たちが、鉄格子の病院の中でもお互いに助け合うことができる、お互いに感謝することができる。俺たちはやっぱり人間なのだ」、こう言って二人とも涙を流してその夜を過ごした、と彼から聞いたのです。

彼はやがてよくなり、軽症者の病院に移されましたが、そこではごく軽度の神経症の人たちが集められている病院でした。そこでその病院の企画として、「人生について語り合う」という会がもたれたことがありました。その人たちの中には、東大を受験しようとしている浪人中の学生が患者になっておりました。またある女子大を卒業してフランス語がペラペラという女の方も入っており、あるいは美術学校を出た絵描きさんも入っていました。みんな恵まれた環境をもった人たちが、いろいろなことからノイローゼになってその病院に入って来ていたのです。こうした人たちの会合で「人生とは何であるか」といったテーマの話し合いのとき、結局人間というものは自分のことしか考えないみみっちいものなのだ。自分はこのような病院に入っていわば前科をもったことになる。これから社会に出ても神経科に入ったというレッテルが一生涯自分を苦しめるだろう、自分の人生はもう灰色だ、こういう議論が続けられていました。

それを聞いていた私の教会員の彼は、「そうだろうか」、と言って話したそうです。「私は千葉のある病院で、これこれこういう経験をしてきた。人間は自分が、自分が、と生きているときに、人生はおそらく無意味になるであろう。けれども今与えられているものを心貧しく感謝をするときに、そしてまた、自分のかたわらにいる、具体的に困っている一人の兄弟を小さな力であっても、助けようとするときに人生に意味が出てくるんじゃなかろうか。あなたの家庭を省みてごらん。あなたがたの経歴をみてごらん。私は旧制中学を中途で終わっている人間だ、あなたがたは何と恵まれていることか。あなたがたはそれでもなお人生に満たされた思いをもつことはできないのだろうか」。このようなことを彼は淡々と語ったということです。この話をしている時に、そのグループの十数人の人たちは、看護師さん、お医者さんも含めて、一瞬声をひそめてシュンとして彼の話す言葉を聞いていたということです。

私たちは人生において心貧しく生きるということ、一生涯を貫く一つの祈り、ほんとうの人間になりたい、ほんとうに救われたいという祈り、ほんとうの人生を発見したいという祈り、その祈りをもって生きること、それが私たちの人生の出発であり、目標ではないかと思うのです。

付録㈠

夜、学ぶ人々——第二部廃止を惜しむ——

はじめに

戦後新制大学として出発した大学に第二部が設けられたのは一九五〇年であったと記憶している。それは青山学院の建学の精神からいっても第一部に学べない状況にある者たちに学ぶ機会を提供しようという、学院理事会のすばらしい決断であった。しかし時代の流れの促す中でこの度の廃止はやむをえなかったのかもしれない。しかし私としては「建学の精神」の「ともしび」が一つ消えていくようで、淋しさを禁じえない。

第二部と私

一九六三年春、当時アメリカに留学中の私に宗教部長の向坊長英先生から手紙が届いた。それは帰国後私に第二部文学部の宗教主任を担当してほしいとの要請であった。私の所属は当時文学部神学科であったが喜んでお引き受けした。同年秋に帰国すると同時に同宗教主任に就任、キリスト教概論を担当した。

第二部宗教部

そのころ、第二部キリスト教学科（のちに神学科）に在学中の有志によって「宗教部」という、キリスト教学生組織があり聖書研究会、祈り会、讃美歌の会、そして当時はお茶の水の橋下に居住する戦災孤児たちの青空学校を始めていた高橋玲二神学生の活動を支援するなど、めざましい運動を続けており、マスコミにも報じられるにいたった。彼らは夏期修養会を企画し天城山荘や東山荘に二泊三日の豊かなプログラムを展開した。これに私も必ず参加し、高柳伊三郎、脇屋義人、向坊長英、キッチン宣教師、尾崎安などの諸先生の指導を受け、その信仰生活と学生生活の豊かな実りをもたらしていた。その交わりは卒業生たちによってさらに受けとめられ、現在「岩の会」との名で毎年、熱い集いを維持している。多くの者がキリスト教各派の教会で信徒として貴重な奉仕を続けている。

キリスト教概論

私は第一部のキリスト教概論も担当したが、第二部での「キリ概」のクラスの空気の独自な味わいを経験した。「キリ概」というのは大学初年度の必修科目であり、新入生にとってはしばしば関心をもち難い学科である。しかし第二部の学生の場合、クラスにおける参加姿勢に実に積極的なものが感じられるのである。やがて気づかされたことは、彼らが「夜、学ぶ人々」であることである。さまざまな事情で「夜」学ばざるをえない学生たちの、限界だらけの生活の中で生きることの意味の探求は切実な問題なのである。夕食をとる時間もなく駆けつけてクラスに入る者の心に宿る、密かな涙に気づかされるに及んで、私の「キリ概」の講義にかける姿勢も変わらざるをえなかった。「夜」学ぶ者の孤独、悲しみ、忍耐の中で「すべて重荷を負う者よ、われに来れ、われ汝らを休ません」（マタイ一一・二八）とのイエスの言葉に促されながら、私は映画、小説、評伝などから、生きる意味を求めて闘い続けるさまざまな物語を語り続けたのである。そしてそれこそが私自身の生きる術でもあったからである。彼らの有志は卒業してからも「青竹の会」の名で今も読書会に集まり続けている。大学紛争の中で私は宗教主任の職を外されたが定年退職前の二年間、復職できたことはほんとうに嬉しかった。

学生運動

第二部の学生は授業料問題に特に熱い関心を示す。その問題をめぐっての講演会を自治会が主催したことが大学紛争の引き金になった。停学処分が尾を引いたのである。彼らはいわゆる「左翼学生」とされて学生部とは常に緊張が続いていたが、視覚障がい者への門戸開放を願って地道な運動を続けていた心優しい連中であった。理事長が交替し深町正信院長が就任するや門戸は開放され、トイレ、エレベーターなどに点字標識が付けられた時の彼らの笑顔は忘れられない。

大学間の競合もあるだろうが、人権、平和、環境などについてのユニークな指標を掲げる大学であってほしいと願い続けている。

付録㈡

教会は心傷ついた人々への絆の確立を

若い信徒たちの自死

牧師としてまた教師として生きてきた私のこれまでの歩みの中で、何人の友と自死という形で別れてきたでしょうか。そのほとんどはキリスト者です。しかし、思い出すだに胸痛む物語が一人ひとりにまつわっているのです。

Aさんはあるミッションスクールの出身でしたが、アルバイト先でT大学医学部の学生と出会い、交際が深まりました。卒業後は結婚という約束を聞いて、彼女の両親は喜んで田畑の一部を売って結婚資金にしました。しかし、そのころからその彼の態度が変わり始め、ある夜彼のアパートを訪ねると、あられもない姿の女性がいたのです。結局Aさんはその男性の何人かの女のひとりにしかすぎなかったのでした。男性に裏切られ、親には負担をかけた苦しみの中で彼女は自死しました。駆けつけた私に親が示した彼女の男性への遺書には「あなたの心がほしかった」とだけ記されていました。これは自死ではなく男性に殺されたのではないでしょうか。

B君は点訳研究部の部長でした。目が見えないとはどういうことかを自ら体験すべく目隠しをして商店街を歩き、点字ブロックの上に置かれた自転車にぶつかって、足に包帯をして大学に現れたこともありました。

ある女子学生との交際が深まり、卒業後就職が決まったら結婚しようという話になり、双方の親も了解しました。しかし、幼児教育に関心のあった彼は幼稚園教師の就職に失敗してしまいました。そして、卒業後間もなく自死したのです。新聞には「就職の失敗が原因だ」と出ましたが、その背景にさらに深い事情があったのです。

彼は広島の出身で両親は被爆者でした。彼が被爆二世であることが明らかになったとき、彼女の親はその結婚に断固反対し始めました。彼女は無論、親への説得を尽くしましたが最後には親の意見に従ってしまったのです。これは自死でしょうか。被爆者への差別の中で殺されたのではないでしょうか。

C君は東北のある大学の博士課程のとき、うつ病を発症しました。失恋がきっかけでしたが、その根は深く、中学時代に彼の容貌についての兄の批判が傷になっていたのです。入退院をくり返す中で定期訪問を続ける私との交わりは深まりました。

哲学専攻の彼は夜明けを待ちかねて電話してきます。「カントの根本悪とキリスト教の原罪との関係は？」とは、まだ頭が眠っている私には空転する問いでしかありません。なかなか教会までは来られない彼を、ある年のクリスマス礼拝に誘うと、「でも教会に行けば笑わなければならないでしょう。僕はまだ笑えないのです」と彼は答えました。そこで、ある喫茶店の静かな空間で二人だけのクリスマスを守ったことがあります。やがて教会にも来はじめて青年たち、特に知的障がいをもつ青年と親しくなっていきました。

そのころ、社会復帰をめざす人々のための中間施設の喫茶店に関わりはじめ、週四日の働きは彼の生活意欲を高めてくれました。「いつくしみ深き友なるイエスは」を歌いつつ自転車のペダルを踏む姿は「健常者」と変わりないように見えました。

しかし、自転車のサドルによる股ずれが悪化し膿《うみ》を出すにいたったので、父親に入院治療を願い出たらしいのです。何が起こったのかわかりません。その直後彼は家を出て、夜、警察から彼のマンションからの転落死が家族に告げられました。彼の兄はT大を出てアメリカに留学し幸せな家庭をもち外資系銀行の部長であり、正月の兄の家族の来訪のたびに、彼は疎外感を憶えつつ教会に泊まり続けていたのでした。

自死は社会的疎外から

第二次世界大戦後、私たちは深い悲しみと反省を経て、平和と民主主義の憲法とともに貧しさに耐えつつ希望をもって新しい歩みを始めましたが、朝鮮戦争、ベトナム戦争の中で「漁夫の利」を占めたわが国の指導者たちは急速な経済発展と電子文明の進展を促し、日本社会の機能化を徹底させてきました。そのため労働力としての人間は余剰となり、高校や大学を出ても非正規雇用にしか恵まれず、社会的疎外感は庶民の中に深まるばかりです。その行きづまりが「三・一一」に始まる原発事故によって象徴的に示されているのではないでしょうか。日本のみならず世界の文化・文明そのものが問われているのです。

ひとりの人間の自死の背後には必ずこの社会の仕組みと価値観が深くかかわっているのです。きびしい競争社会の中で適者生存があらためて主張され、苦しい疎外経験の中で「脱落」させられていく人々には「自己責任」という冷たい言葉が投げつけられています。今まさに病んでいるこの社会の実態に目を向けることなく「自己責任」と言う者には、社会的責任感が欠如していると言うほかありません。

家族における疎外、学校、職場、そして教会においてさえある疎外に気づくことから新しい、人間性にあふれる文化・文明の再生への歩みが始まるのではないでしょうか。私たちこの現代社会に生きている者には自死者に対する負い目があるのではないでしょうか。自死者の弱さが理由ではなく、私たちの冷たさが理由なのではないでしょうか。

「神の家族」としての絆を求めて

自死者に最も近く寄り添っておられるのは十字架のキリストです。誰が自死者を非難し罪人視しようとも、十字架のキリストこそは、「子よ、わが愛におれ」と助けの手をのばしてくださっているのです。

自死者の葬儀を拒否する教会があると聞きましたが、十字架に苦しみたもうた主を仰ぐ教会ならば、無条件に思いを尽して自死者の葬儀を執り行うべきでしょう。そして、自死者の遺族に対しては自死者の生涯もまた神の憐れみと主の救いの中に包まれていることを、確かさをもって語り、残された人々の希望を告げるべきでありましょう。そこまで苦しんで自死せざるをえなかった人を、十字架に苦しみたもうたキリストが見捨てられるわけがありません。

そうであればこそ、キリスト教会は自死の可能性をもつ、心傷ついた人々への「絆」を確立しなければなりません。個人的、家族的、社会的に疎外状況にある人々との交わりを、「神の家族」としての教会こそが具体化しなければなりません。

前述のC君は「何も公にはしないでほしい」という、信徒ではないご家族の意向があり、自死という言葉は教会でもいっさい語られませんでしたが、皆わかっていました。家族の中で疎外感を憶えていたC君を、私たちは「神の家族」として、手厚い追悼の集いで見送りました。

決して自死を美化することはできません。しかし「陰府《よみ》」にまでくだりたもうたキリストの死者への愛の中に、自死者もまた包まれていることを否定することはできません。さらに言えば「自己責任」が取れるような社会へと変革していくことにより自死者を少なくする努力もまた、キリスト教会の大切なミニストリーの一つであることを覚えておきましょう。

ひとりの「傷ついた心に寄り添う教会」は、必ずやこの社会構造の変革にまで責任を負うべきではないでしょうか。「御国を来らせたまえ」と祈る教会は、御心《みこころ》を地にもなさせたもう神の御計画に参与させていただいているからこそ、ひとりの「傷ついた心に寄り添う」のではないでしょうか。

付録㈢

この最後の者にも

二〇一四年四月二十日放送　ＮＨＫラジオ「宗教の時間」より
聞き手　浅井靖子（ＮＨＫディレクター）

ぶどう園の雇い主と賃金をめぐる聖書のたとえ話から

宗教の時間です。きょうは「この最後の者にも」と題して牧師の関田寛雄さんにお話を伺います。関田さんは青山学院で神学の研究をされるとともに、労働者が多く暮らす川崎の下町の教会の牧師として在日韓国・朝鮮人やホームレスとなった人たちの現実と向き合ってこられました。その中で、聖書の言葉がより切実に聴こえてきたという関田さんにマタイによる福音書で、イエスが、神の国のありようを示したぶどう園の労働者のたとえ話についてお話を伺います。

浅井　きょうは関田さんにとっても非常に重い意味があるという「ぶどう園の労働者」のたとえ話についてお話しいただこうと思うんですけど、これは新約聖書「マタイによる福音書」の二〇章一節から一六節に書かれているものですね。このたとえ話の内容を簡単にお話しいただけますでしょうか。

神さまの愛の支配が及ぶ神の国

関田　マタイの福音書は「天の国のたとえ話」というふうに語っておりますけれども、これは「神の国のたとえ」と同じことでありまして、「神の国」というのは、神さまの愛の支配が及ぶところ、それが「神の国」というふうに表現されているわけです。

当時の労働者の最低賃金を約束

内容を少し簡単に申しますと、ぶどうの収穫期の時に、ぶどう園の主人が労働者を雇うために、市場に出かけて行くわけです。朝早く出掛けて行って六時ごろに雇った人、九時ごろに雇った人、十二時に雇った人、三時に雇った人、人手がたりないためにに次々と雇ったわけですが、ともかく朝早く雇った人には一デナリオンという当時の労働者の最低賃金を約束しました。そうして収穫のためにぶどう園に送ったのですが、まだ人手がたりない。もう誰もいないだろうと思って夕方五時に広場に行ってみたところが、そこにやっぱり立っている人がいた。雇い主が「なぜ、何もしないでここに立っていたのか」と尋ねると、「何もしなかったわけではない。誰も雇ってくれないのです」。一所懸命仕事を探しまわったのだが、「誰も雇ってくれないのです」。この言葉が本当に深刻な深い意味をもっています。後でお話ししますが、やがて賃金を払う時がやってまいりました。

雇い主の不思議な二つのこと

日が暮れて、この雇い主は不思議なことを二ついたします。一つは一番最後に雇われた人から一番先に賃金を払うということが一つ。そうしてもう一つ不思議なことは、朝から十二時間働いた人も、やっと仕事を見つけて一時間しか働けなかった人も同じ一デナリオンという賃金が支払われたことです。当然、朝から働いた人は「もっともらえるはずだろう」ということで、雇い主に文句を言います。けれども雇い主ははっきり申します。

不正はしていない

「あなたと約束したのは一デナリオンだった。不正はしていない。自分の賃金をもらっていきなさい」と断固とした答えが返ってくるわけです。そして「この最後の者にも皆と同じように賃金を払ってやりたいのだ」というのがこの雇い主の最後の言葉であり、この聖書の箇所のたとえ話の一番大事な点だと思います。このようにして、後の者が先になり、先の者が後になるという逆説、このことが本当に深い意味をもっているということを、これからお話ししたいと思います。

私たちの常識

浅井　私たちの普通の感覚でいえば、やはり働いたら働いた分だけ賃金をもらえるというのが私たちの常識なものですから、朝から働いた人が、「どうして私たちも同じなのか」と言って怒るのは、何か当然のように思ってしまいます。

関田　おっしゃるとおりですね。いわゆる普通の常識から考えるならば、まったく不合理な取り扱いを雇い主はしたと思います。しかし、考えてみれば一デナリオンと言いますのは、さっき申しましたとおり労働者の最低賃金なんです。いわゆる経済合理性に従って、「それじゃあ時間給にしましょう」ということで、一デナリオンを十二分の一にするといたしますと、最低賃金の十二分の一ですから、まったく生活のたしにはなりえない。きょうはどこに泊まって何を食べようかということについて何のたしにもならない。この一デナリオンというのはいわゆる単なる賃金をさし示すよりは、むしろその日を生きるための命の値です。

命の値に差別は付けられない

命の値としての一デナリオンを分割することができるか。命の値に差別を付けることができるだろうか、というのがたとえ話の深い意味だろうと思います。

浅井　なるほど、知識として一デナリオンが最低賃金だというふうに伺うと、そういうこともあるかもしれないなと思うんですが、関田さんご自身は、この言葉とどのように向き合ってこられたのでしょうか。最初からそのように命の値だということで深く納得するということがおできになっていたのでしょうか。

響いてきたのは開拓伝道以後

関田　神学校の学生時代にはいわゆる聖書の研究の対象として「ああ、なるほど。イエスのたとえ話は本当に素晴らしいなあ」という印象で学んできたわけです。しかし、本当に「この最後の者にも」という言葉が、心に響き、神の国のこのたとえ話が本当に現実の生活にぴったりと当てはまるんだということをしみじみ感じたのは、牧師になって、伝道者になって、川崎の下町に開拓伝道に入ったという、その時にいわゆる在日韓国朝鮮人の方々とたくさん出会ってからです。

在日韓国朝鮮人差別の現実を見て

そのお一人おひとりがですね、本来なら市民としての権利を与えられるべきところを、民族の違いのゆえに差別を受けている。その悲しみをこらえながら生きている。学校ではいじめを受ける。子どもたちの痛みにふれているときに、このたとえ話が力あるものとして迫ってきて、イエスさまがこのたとえ話の中で、「この最後の者にも同じように」ということをおっしゃる。そのことの意味が、現場に出てそういう方々との出会いの中でしみじみと迫ってきたということです。

浅井　関田さんご自身は牧師のご家庭にお生まれになったと伺っておりますので、聖書を読むということはおそらくお小さいころからあったのであろうと思うんです。それがまたその日常のいろいろな生活の中で、あるいは現場の中で聖書の言葉が響いてくるのは、聖書というのはそういうものだということなんでしょうか。

八歳の時に母を失う

関田　そうですね。実は私は八歳の時に母が病気で亡くなっているんですね。そして太平洋戦争の前ですから小学校でクリスチャンの牧師の子どもだということでアメリカのスパイ呼ばわりされて、まあ、はっきり申しまして暴行をされたわけですね。鼻血を出しながら泣いて帰ったことがあるんですが、そういった幼い時の悲しみ、人の世を生きるということをめぐって、こんなことがあるんだ。愛する母親に去っていかれた。あるいは理由もなく暴行を受けて血を流さなければならなかった。幼い時にそういう痛みを経験したということが、私が宗教に向かっていく一つの素地をつくったかもしれません。

浅井　少年のころからキリスト教に対しては、その敬虔な気持ちを戦争中ももち続けていたのでしょうか。

牧師の父とも背を向けた生活

関田　いえいえ、むしろなぜ自分は牧師の子どもなんかに生まれたのだろうか。運命的な呪いのようなものを感じて、それから父親とも背を向けた生活に入ってしまいましたし、普通の日本人よりも人一倍日本人的にならなきゃいけないという思いに駆られて必死に軍事教練に励み「陸軍士官学校に行け」と言われたこともあったくらい。そういうところで敗戦を迎えたわけです。

闇市をうろつきまわる青春の日々

必ず勝つ戦争だと信じてきたし、西欧植民地主義からの解放をめざす聖なる戦争なんだと教えられてきたし、戦争が終わって、しかし、「真相はこうだ」というラジオ番組も始まりました。その中で、どのような虚構の中で、どのような欺瞞の中で第二次世界大戦が行われてきたか、そのことをつくづく知らされたときに、自分自身の青春の虚しさを本当に思わせられて、生きる意味を失ってしまって、それこそ当時の闇市をうろつきまわるような生活をしておりました。もちろん、戦後はキリスト教ブームでありますから、「これからはアメリカの神さまの時代だ」なんていって、教会に人がどっと集まるわけです。そんな状態に耐えられない。そんな教会に行けるか。そういう思いでずっと教会に行かず礼拝にも行きませんでした。

獄中生活した牧師との出会い

心配してくれた教会の友人が、自分の教会に来たくなければ、こんな教会に行ってみたらどうかと誘ってくれたのです。座布団の四隅が破れて綿がはみ出ているような貧しいホーリネス系の教会で、その教会の牧師さんは、数年間獄中生活をしてきた人です。天皇陛下も人である限りはキリストの救いをお受けになる。世の終わりに神の国は必ず現れる。素朴に聖書の信仰を告白したために、いわゆる治安維持法違反に問われて獄につながれ、教派が解散させられたという事件があります。

時代が変わっても変わらない真理

戦後になって獄中から出て来たその牧師が、小さな教会でしたが、どんなに時代が変わっても変わらない真理は聖書にこそある、ということをくり返しくり返し言ってくれたのです。他に何を言われたか覚えていませんが、そのことが深く心に残りました。どんなに時代が変わっても、変わらない真理は聖書にこそある。

聖書のどこを読んだらわかるか

私はうちに帰って来て栄養失調で床に就いている父親に向かって初めて「お父さん、聖書のどこを読んだら時代が変わっても変わらない真理がある、ということがわかるのですか」と聞きました。

病む父と一緒に読んだ聖書

半身起こした父親が「それじゃあ聖書を読んでみよう」というので、詩編の五一編というところを一緒に読みました。この詩編はダビデというイスラエルの王様が大変大きな罪を犯して本当に申し訳ないという思いで、神さまに悔い改めの歌を歌ったというのが、この詩編の五一編です。こういう言葉が出てまいりました。一二節に「神よ、わたしの内に清い心を創造し、新しく確かな霊を授けてください」。敗戦の後、何にも無くなってしまってズタズタになった自分の心。これからどう生きていったらいいかわからない。

ダビデの祈りが私の祈りに

何もなくなった私の心に、「神よ、わたしの内に清い心を創造し、新しく確かな霊を授けてください」というこのダビデの祈りが、私の祈りのように響いてまいりました。「本当にそうだ。そうしてください」という思いが溢れてきたわけですね。さらに続けて読んでまいりますと、一八節「もしいけにえがあなたに喜ばれ、焼き尽くす献げ物が御旨にかなうのなら、わたしはそれをささげます。しかし、神の求めるいけにえは打ち砕かれた霊。打ち砕かれ悔いる心を、神よ、あなたは侮られません」という、ここにきまして砕かれたズタズタになった心を神さまは決して軽んじられない、侮られないという、この言葉にふれて、思わず知らず涙がこぼれました。

聖書に打たれて流した初めての涙

私が聖書の言葉に打たれて涙を流したというのはこれが初めてでございました。これがきっかけで、あらためて、それじゃあ学校に通って勉強しようという気持ちになって、学校に戻りました。

勤労動員ですっかり忘れた英語

その時に戦争中には「予科練に行け」とか「戦車兵になれ」とか言ったある先生（矢内正一）が、英語の先生でしたが、一所懸命英語を教えてくれるのですが、もちろん、教科書もありませんから黒板にジョン・スチュワート・ミルとかミルトンという人の言葉をずーと書きまして英語の訳読をしてくれるんですね。でも二年以上も学徒勤労動員に行っていましたから、みんな英語をすっかり忘れているものですからぽかーんと聞いているわけですね。先生は途中で、「それじゃあ、きょうは英語はここまでにしてミルトンの話をしよう」ということで、ミルトンがどんどん自分自身の視力がなくなっていくにもかかわらず、一所懸命、英国の清教徒革命のために協力して文章を書き続け、『失楽園』という英文学の歴史では金字塔のような偉大な作品を、失明してから書いたということを、この先生が話してくれまして、大いなる目的に生きるということは尊いことなんだ、とおっしゃたものですから、私はその先生に手紙を書いたのです。

先生に書いた手紙

「先生は、戦争中にこの戦争のために皆働けと、戦車兵になれと、言ったじゃありませんか。日本は戦争に負けました。先生は今、いったい何を信じて生きていますか。私はわかりません」という手紙を書いたんですね。いつもはすぐに返事がくる先生なんですが、なかなか返事をくれなかった。二週間めくらいに英語のクラスの中で「実はこのクラスのある人から斯く斯くしかじかの手紙をもらった。けれども私はこの手紙の返事を書けないでいる。というのは私自身が今、迷っているからだ。これから先どうするか。わからなくなってしまった」。

先生も私と同じ苦しみを

その言葉を聞いたときに、「ああ、この先生は私と同じ苦しみをやっぱり苦しんでいてくださったんだ」と、その先生に対する誤解が、すーと氷が溶けるような思いがいたしました。その時に、その先生が一言、「でもね、君たちよりも少しは長く生きたものとして、言えることがあるとするならば、新約聖書の中のイエスさまの言葉の中でこういう言葉がある」。それはマタイによる福音書の一〇章二六節なんですけれども、「覆われているもので現されないものはなく、隠されているもので知られずに済むものはないからである」。

隠れていても必ず現れてくる

「本当のことはね、今はわからなくなっている。隠れている。だけれども必ず現れてくる。『覆われているもので現れてこないものはない』と、イエスはおっしゃっている。この言葉を信じて本当のことが、納得できることが現れてくるまで、今は忍耐して勉強を続けようじゃないか」、と言われた。

戦後を生きる支えとなった聖書

どさくさまぎれの混乱に満ちた戦後の社会を、それでも生きていこうという気持ちにさせられたのは、この二つの聖書の言葉との出合いでした。そして聖書の言葉というのは、こういう時に人の思いを超えて不思議にもその心を揺さぶり、その人の心を新しくし、力を与え、希望を与える言葉になって迫ってくるんですね。それが「聖書との出合い」ということだと思います。

浅井　聖書の言葉に出合うというのは、その方その方にとって非常に特別な体験であるということなんですが、そういう意味では、最初にお話しを伺おうとしていたぶどう園のたとえ話に戻しますと、そのたとえ話が関田さん自身にとって切実に感じるようになったというのは、具体的にはどういうことだったのでしょうか。

多摩川の河川敷の教会

関田　それこそ数えきれないほどのたくさんの出会いがあるんですが、具体的な一つの出会いを申しますと、私の教会はたまたま川崎の多摩川の河川敷につくった教会でした。河川敷の中で生活していたホームレスの方ですが、その方との出会いがありまして、その方は九州の出身で、貧しい家庭の中で育っていました。三歳の時にお母さんが亡くなって小学校にも行かないままに五歳年上のお姉さんのお世話で生きてきたんですけれども、お父さんに連れられて朝鮮戦争の時だと思いますが、町中の鉄くずを拾い集めた経験があったと話していました。貧しさの中でそういう生活をしていて、炭鉱に入って働いていたのです。しかし、その炭鉱は潰れてしまった。

無一物で川崎の河川敷に

無一物になって、二十何歳かになって、やっとの思いでこの川崎までやって来た。日雇労働に入ったわけですが、彼自身の身分を保証する何の証明書、公的文書がありません。

浅井　たとえばその戸籍であるとか、住民票とか、基礎となるものが何もなかったということですか。

関田　そうです。何もなかった。だからもぐりで働いた。ずーっと、二十年。最底辺の仕事をしながら、とにかく雇われるままに毎日日雇い労働で働いた。働いているうちに体がだんだん弱ってきて、仕事でちょっと失敗したことが理由で手配師から仕事をもらえなくなってしまった。いよいよ体も悪くなって仕事ができなくなったときに、教会を訪ねて来られたわけです。私は生活保護のことをお話ししまして協力牧師のOさんと共に福祉事務所にお連れしたんですが、この人については保健所から「問題が出ています」「届けもなく犬を飼っています」「生活保護費をもらうときには犬を保健所に渡してもらいます」、と言われたのです。その時に、この人は頭を下げてしまった。涙ぐむんです。

生きる支えの犬をなぜ殺すのか

「どうして俺が生きていくのに犬を殺さなければいけないんだ」と言って涙をこぼすんです。飼っていた六匹の犬、これはみんな河川敷に小さいときに捨てられた犬たちなんです。捨てられた犬がキャンキャンと母親を求めて鳴き声をたてている。たまらなくなって彼はその子犬の所へ行くのですね。目と目が合ってしまうと、もうほっとけない。懐に入れて帰って来る。

人間は裏切るが犬は裏切らない

その捨て犬が六匹、彼によって養われているわけです。日雇労働者として仕事を失って何にもなくなった人間であるにもかかわらず、六匹の捨てられた犬を、自分が食べることさえやっとなのに養って、命の尊さと言いましょうか、命を慈しんで生活している。この男の優しさと言いましょうか、その姿勢の尊さと言いましょうか、ともかく人間は俺を裏切っていったけれども犬は俺を裏切らない。「食わすものがなくてもほっぺたをなめてくれるんだよ」と言った彼の言葉が忘れられません。この人の左手小指は、若い時女性問題でヤクザにからまれ、つめられて、ないのです。そんな修羅場を生きてきた男の優しさです。

肝臓の病気で亡くなる

彼は生活保護をもって生活をし始めていたが、非常に深く肝臓を傷めていた。「お酒は絶対いけないよ」と言われて、間もなく肝臓の病気で亡くなっていきます。それこそ手がかりがなかったんですが、事務所にお願いして、お姉さんが小倉にいることがわかったものですから、連絡しましたらお姉さんが飛行機で飛んで来てくれました。

犬と一緒に死ぬんだ

それこそ犬の糞だらけのような小屋の中に入って行って弟の名前を呼んで「病院に行かなければだめだよ」と言うと、「いや俺はここで死ぬんだ。犬と一緒に死ぬんだ」。「何言っているの。あんた、これだけいろいろな人にお世話になっているのに、恩返ししないで死ぬなんてとんでもないことだよ。ちゃんと病院に行って立ち直って恩返ししなきゃ人間じゃないよ」というお姉さんの言葉に励まされたのでしょう。「わかった。じゃあ、病院に行くわ」ということで、私たちは急いで救急車を呼んで、彼を病院に連れて行きました。翌々日が日曜日で教会の方々がお見舞いに行きました。とっても喜んでくれたが、それが最後。深夜、心臓に不調が起こって彼の生涯は終わってしまいました。その時の葬式を教会でいたしましたが、まさに私が選んだ聖書の箇所は「この最後の者にも」でした。

浅井　その方は非常に乏しい生活をしていらしたわけですが、それでも河原に捨てられている子犬を見て見ぬ振りができずに、犬たちと食事を分け合っていたんですね。

イエスの教えをリアルに見た

関田　そのような命に対する慈しみ、それを思う時に私はやはりイエスの思いと言いましょうか、たとえ話に表されているイエスの教えの方向性が、リアルな形でみることができたと思って、彼との出会いを本当に感謝しています。何にもなくなって生活保護でしか生きられない、そういう最後の者だったかもしれない。この人にこそなんと尊い魂が与えられていたのだろうか。それこそ神さまから尊い一デナリオンを受けていた方に違いない。何人も傷つけることは許されない、その人その人としての尊い命が与えられている、ということですね。

雇い主の思いやり

命の価を差別することはできない。さらに申しますと、もう一つの「最後の者から支払われる」という、そこには、雇い主の思いやりがあると思うんです。朝から働いた人はちゃんと仕事を得ていますから夕方になったら一デナリオンをもらえる約束を信じて来ているわけですね。保障されている人生です。ところが一番最後の人は誰も雇ってくれないという、一日のうちの十一時間、仕事がなくて、あちらこちらさ迷い歩いて探しまわって、絶望のうちにポツーンと広場に立たざるをえなかった。

雇い主の深い洞察

あと一時間しかないときに、その苦しみ、その焦り、その孤独感、情けない思い、それを雇い主は深く洞察しているわけですよ。どんなにか苦しかったろう。どんなにか辛かったろう。どんなにか淋しかったろう。焦っただろう。さあ、まず、お前から支払ってやるから先に来い、というのが雇い主の「最後の者」に対する慈しみだと思うんですね。

特殊な愛に集中

神さまの愛というのはほんとうに平等の愛、等しく与えられる愛です。しかし、痛んでいる人、傷ついている人に対しては特別に注がれるという、あまねき愛であるからこそ、時と場合によっては「特殊な愛」の対象に集中するわけです。それがこのたとえ話の「後なる者が先に」という意味だと思います。

たとえ話の大きな社会的発信

そういう世界が、神の国の世界だということですね。私はこのたとえ話が、一つの大きな社会的な発信をしていると思います。

浅井　今、私たちが暮らしている世の中というのは、相応の努力した者がその報酬を得るのが当然であって、努力しなかった者、あるいは努力できなかった者はそれなりのものでしかたがないんだ、という考え方が一般的になりつつあると思うんですが。

政治、社会状況への問いと発信

関田　そうであればこそ、宗教の世界というものは、このような平等と正義と慈しみの世界、それがどう実現されるのか、現在の政治、社会状況というものに対して問いを投げかけている。発信している。それが今日における宗教の役割だろうと思います。本当の人間のあり方、社会のあり方、本当のものを求めて宗教者が自ら励むと同時に世界に向かって発信するということに、宗教者の使命があるのではなかろうか、と思っております。

浅井　きょうはどうもありがとうございました。

（まとめ　青竹の会・上松寛茂）

「関田アドヴァイザーグループ版」における「編集後記」

人生を真剣に生きようとする人にとって、日々の生活は苦しいものだと思います。自己の真実を追うがゆえに、人間である弱さゆえに、社会の複雑多面さゆえに、時として生きるに耐える力を失いそうになることがあります。そんな時、常に変わらぬ真摯さをもって、我々の心の渇きに応えてくれる関田先生の言葉は、生きる勇気を与えてくれました。また我々一人ひとりが、自らの問題を自ら考え、責任をもって決断していくという生き方も教えられました。本を作ろう、という気持が我々の間に起こったのも、こうした先生の誠実な、そして愛情ある教えに心打たれたからであります。

けれども、一人の先生の教えを一冊の本にまとめようという計画は、何といっても我々の力量に及ばないところでありました。が、しかしやってみよう、と我々グループのメンバーが集まって力を尽してみました。こんなわけで、あるいは先生の意を十分に表すことができなかったかもしれません。こうした点は、編集という作業に未熟な我々の責任においてお許し願い、またお詫びいたしたいと思います。

ここで、この本の作成にあたり、予算面でのご援助や、励しの言葉をいただいた方々に、深い感謝と心からのお礼を申し上げます。グループの先輩諸氏、桜本教会の皆様、また個人的にご好意を寄せてくださった方々、ほんとうにありがとうございました。最後に、我々の僭越な計画の申し出を快く承諾してくださり、また多忙の中で原稿の整理を引き受けてくださった先生のご好意により、この本が出版の運びとなりましたお礼を付記させていただきます。

一九六八年十一月二十四日

関田アドヴァイザーグループ

初出一覧

学ぶということ　主体的に（「大学礼拝週報」）／大学生活の始めに（学院宗教センター機関誌「こいのにあ」）／青山で学ぶ意味（学院宗教センター「ウェスレー・ホール・ニュース」第十号）／病床の友へ（第二部学生部通信「ともしび」第三号）／ある生き方（第二部聖歌隊機関誌「讃」第三号）／四十歳以後の顔（「泉」）

生きるということ　唯彼のみもとに（「大学礼拝週報」）／思い出の讃美歌四九四番（「讃」創刊号）／思い出の讃美歌（「讃」第二号）／O君のこと（第二部宗教部機関誌「岩」第十五号）／怪しい女を追う話（「岩」第十四号）／自然と人生（「ともしび」創刊号）／愛の奥義（「岩」第十二号）／生き抜く力（「ウェスレー・ホール・ニュース」第九号）／関係の言語（「おさなご」第四号）／愛と孤独（「おさなご」第五号）

説教　はじめに（「大学礼拝週報」）聖書講解　あなたはどこにいるのか（「岩」第十六号）／イエスの眼（「岩」第十三号）／山上の選び（「喜音」第二四一号）／最後までの愛（「牧会と説教」第八号）／この最後の者にも（「教師の友」一九六七年四月号）　一週一言（桜木教会「週報」一九六四年三月―一九六八年八月）　一週一言（一九六四・三・八）／二重唱のごとく（一九六四・四・十九）／まっすぐに見る（一九六四・五・十）／人間のねうち（一九六四・六・十四）／特定の個人（一九六四・六・二十八）／一日を十分に生きる（一九六四・七・五）／出会い（一九六四・八・二十三）／師走（一九六四・十二・六）／創造の意味（一九六六・七・十）／罪を知る人（一九六六・七・十七）／あがなう者（一九六六・七・二十四）／歴史を担う教会（一九六六・十・十六）／清い心（一九六六・十一・十三）／星（一九六六・十二・四）／道を求めること（一九六七・一・十五）／二種のはかり（一九六七・五・二十八）／真理を買う（一九六七・六・十一）／祈りの道（一九六七・一六・十八）／原爆の日（一九六七・八・六）／時効（一九六七・九・十七）／エバの讃歌（一九六七・九・二十四）／キリストは私たちの知恵（一九六七・十一・五）／神の合せたもう者（一九六八・一・十四）／蛇と鳩（一九六八・三・三十一）／沈黙（一九六八・四・七）／キリスト者の生活（一九六八・六・九―八・二十五）説教　真理との対話（一九六八・四・九・第二部礼拝）／生きる意味（一九六八・五・八・第一部礼拝）／この世と真理のために（一九六八・五・三十一・理工学部礼拝）／こころの貧しき者（一九六八・九・二十四・第二部礼拝）

付録　㈠（「ともしび」最終号・二〇一三年七月）／㈡（「信徒の友」二〇一二年八月号）／㈢（「宗教の時間」NHKラジオ第二、二〇一四年四月二十日放送）

あなたはどこにいるのか

発行日……二〇一五年三月十日　第一版第一刷発行

定価……［本体一、二〇〇＋消費税］円

著者……関田寛雄

発行者……西村勝佳

発行所……株式会社一麦出版社

札幌市南区北ノ沢三丁目四－一〇　〒〇〇五－〇八三二

郵便振替〇二七五〇－三－二七八〇九

電話（〇一一）五七八－五八八八　FAX（〇一一）五七八－四八八八

URL http://www.ichibaku.co.jp/

携帯サイト http://mobile.ichibaku.co.jp/

印刷……株式会社アイワード

製本……石田製本株式会社

装釘……須田照生

ISBN978-4-86325-076-5 C0016

一麦出版社の本

神の揺さぶり
――はじめてキリスト教と出合う人たちへ　伊藤悟

キリストの福音は、すべての人に対して揺さぶりをかけ、希望、勇気、喜びを与える。これこそが真実に生きる力となるのである。現代の人間の状況と問題を的確に捉え、現在の青年の実在にふれる、定評あるキリスト教入門書。Ａ５判　定価［本体２０００＋税］円

生きる意味
ポール・トゥルニエ　山口實訳

人生を積極的に生きる勇気がわいてくるトゥルニエからの熱いメッセージ！　トゥルニエの来日講演を収める本書は、その思想のエッセンスであり、トゥルニエ全思想の鳥瞰図である。
四六判変型　定価［本体１２００＋税］円

あなたは輝いている
ジャン・バニエ　佐藤仁彦訳

なぜ人は、こころに壁をつくってしまうのか――。ジャン・バニエがさし示す、さまざまなこころの壁。壁の向こう側には、あなたの存在の輝きがある！
Ａ５判　定価［本体２８００＋税］円

テゼ――巡礼者の覚書
黙想と祈りの集い準備会編

テゼ共同体とはフランスのテゼにある超教派の男子修道会。多くの青年たちが訪れ、そこで歌われる祈りの歌は、世界中で歌われている。黙想と祈りの集い準備会の植松功氏が、霊性の日常的で、具体的な景色を語る――。
Ａ５判変型　定価［本体１８００＋税］円

イエス・キリストの系図の中の女性たち
久野牧

系図の中にその名をもって登場する女性たちは、決してひとくくりにすることはできない。それぞれが固有の意味や理由があって、神の救いの歴史の中で用いられている者たちである。私たちに与えられている役割は？
四六判変型　定価［本体１４００＋税］円